テーラヴァーダ（南伝上座）仏教
パーリ語教訓詩（ミャンマー伝承）

「ダンマ・ニーティ（さとりへの導き）」

ウー・ヴィジャーナンダ僧正 監修
池田正隆 訳註

方丈堂出版
Octave

ダンマ・ニーティ＊目次

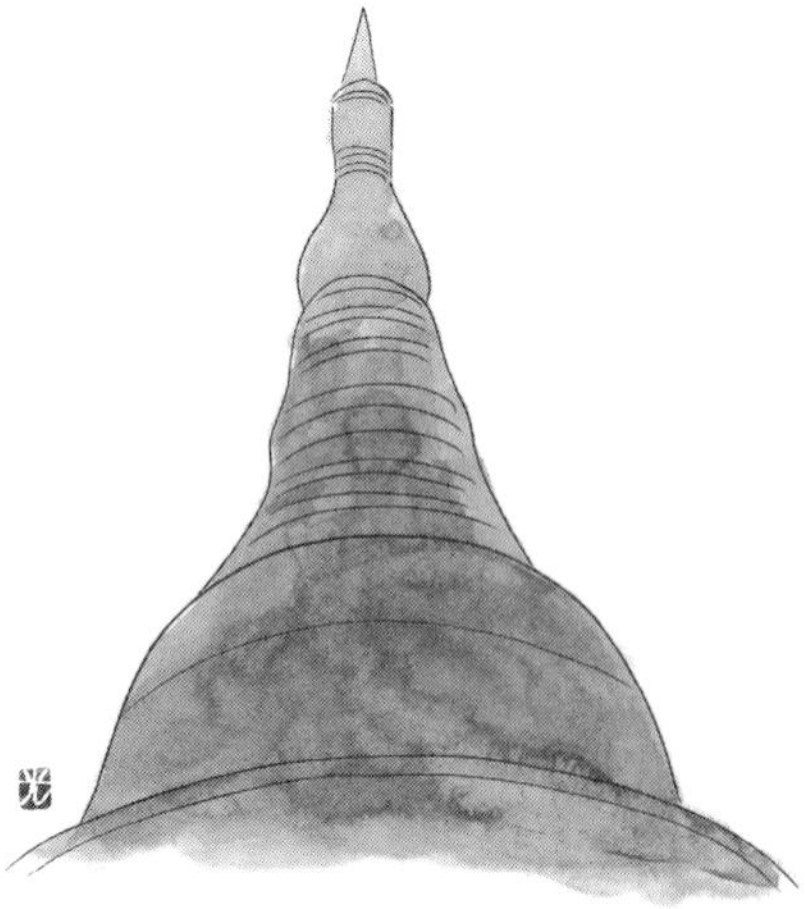

テーラヴァーダ（南伝上座）仏教

パーリ語教訓詩（ミャンマー伝承）

『ダンマ・ニーティ（さとりへの導き）』

はじめに

『ダンマ・ニーティ』というのは、パーリ（聖典）語による『教訓詩集』の書名である。パーリ語はブッダが、かつて布教なさった東インドのマガダ地方を故地とする民衆語（プラークリット）とみなされる（「マガダ語」と呼ばれたこともある）言語で、その後、原始仏教は西インドを経由して紀元前三世紀頃、海路スリランカに将来され、南方上座仏教徒が、全パーリ語聖典を経典用語として採用し、伝承してきたといわれている。

なお、現在も主にスリランカ・ミャンマー・タイ・カンボジア・ラオスなど、東南アジア地方などのテーラヴァーダ〈南伝上座〉仏教徒が使用する経典は、漢訳経典ではなく、またその地の国語、たとえば、タイ語やビルマ語経典でもなく、「パーリ語経典」が使用されている。

「ダンマ（dhamma）」はパーリ語で、サンスクリット（梵語）の「ダルマ dharma」に相当する語で、「法、教法、真理、正義、もの」などとも訳されるが、仏教語として「ブッダの教えた真理」あるいは「ブッダの説いた教え」を指している。

「ニーティ（nīti）」は、パーリ語で、「導く、連れてゆく」という動詞からできた名詞で、「行為（おこない）、案内、行為の法、処世術」などを指す語であるが、ここでは「導き」と訳した。

したがって、『ダンマ・ニーティ』は、最終的に仏法の目的である「さとり・涅槃へ導くための教訓詩」という意味である。

ところで、ミャンマー（ビルマ）とインドとは、ベンガル湾を中に挟むようにして離れてはいるが、大陸つづきで、太古から陸路や海路でも人々の交流があり、アショーカ王の伝道師派遣（紀元前三世紀頃）による仏教のスヴァンナブーミ〈金地国〉への伝播が伝えられているなど、インド文化圏とは深いつながりがあった。

仏教の伝播と『ニーティ（教訓詩）書』の流伝

インドのサンスクリット文学の中に「ニーティ（nīti）」という処世《しょせい》のための教訓詩の

ジャンル（様式）があり、それには古代インドで成立していた説話集『パンチャタントラ』（五世紀頃までには成立）や改編されたものなど、多くの写本が存在した。その中に、ベンガル地方にまで広がった『ヒトーパデーシャ（有益な教訓の意味）』もあった。さらに『チャナキャ・ニーティ』、バルトリハルの『ニーティ・シャタカ（教訓詩百選）』など、文中にその場に適した教訓詩をはめ込む形式に属する多くの写本も存在し、それらがサンスクリットの枠を超えていろいろな言語にも採り入れられていった。たとえばヒンディー、さらに、インド本国から飛び出し、ペルシャや中央アジア地方にまで流伝し、スリランカから東南アジア地方にまで及んだのである。

南伝上座（テーラヴァーダ）仏教国の僧院にあっては、『パーリ語三蔵典籍（経典）』の他に、『ニーティ（教訓詩）』類もその宗教生活の中心的役割を果たすようになり、幾世紀にもわたって人々への教育を担《にな》ってきた、といわれている。

ミャンマーでは、こうした『ニーティ』書が、自国語であるビルマ文字の書写法の確立にも役立ったといわれるほどだが、インワ時代（十六世紀初期）には、ビルマ語詩のジャンルに関しても、僧侶が国王陛下など高貴な方のために書いた詩は、「教訓の書（ソンマザー）」とは呼ばずに、「慈愛の書（ミッダザー）」と呼んだという（ウー・ペーマウンティン著、大野徹監訳、池田・コウンニュン・堀田・原田分担訳『ビルマ文学史』勁草書房、一九九二年刊、九〇頁)。

ここでは、古詩だが参考のため、パーリ語の「教訓詩」ではなく、『ビルマ文学史』にも紹介されている有名な「ミッダザー」カンドー王寺僧正のビルマ語による詩作品(拙訳)を最初に一つ、紹介しておく。

与えられぬに欲しがるなかれ
問われもせぬに答えるなかれ
呼ばれもせぬに行くなかれ
美味ならざるに食すなかれ
熟しもせぬに採るなかれ
似合わないのに着るなかれ
黙しているは　値千金
人欲しがれば　ナッ(神)も欲しがる
人好めば　ナッ(神)も好む

軽くもなければ　重くもない
遅くもなければ　早くもない
黄金の秤《はかり》のごとく
はってもおらず　弛んでもいない
小舟や筏をつなぐ浮標《ふひょう》のごとく
智慧を惜しむな
漁師が釣竿《つりざお》操《あやつ》り引き上るごとく
智慧あればこそ時機を知る

シュエナンチョシン王（在位十六世紀初頭）に献上された「慈愛の書」。
ウー・ペーマウンティン著、大野徹監訳『ビルマ文学史』、九一〜二頁参照。

ミャンマーのパーリ語ニーティ書

ミャンマーでパーリ語の「ニーティ書」といえば、『ローカ・ニーティ（処世訓）』が特に有名で、人々によく知られている（日本語訳もあり。北九州市門司区メカリ公園・世界平和パゴダ発行）。

しかし、主要なものとして、たとえば、「パーリ・テキスト協会本」では、次の四書をあげ、ローマナイズされた各書の詩偈本文、および、各偈文ごとの用語索引（concordance）なども掲載している。

「ダンマ・ニーティ」　二四章　（四一四偈）
「ローカ・ニーティ」　七章　（一六七偈）
「マハーラハ・ニーティ」　五章　（二五四偈）
「ラージャ・ニーティ」　全（章分《わ》けなし）　（一三四偈）

また、同書には、その他に、「スタヴァッダナ・ニーティ」「パンディターランカーラ・ニーティ」「チョンコッ・ニーティ」「シーハラ・ニーティ」「ローカサーラ」、さらに「チャーナキヤ・ニーティ」「カーマンダキーヤ・ニーティサーラ」その他、タイ、ラオス、カンボジア等の言語に流伝したものなどについても言及している。また、この書の最後には、ミャンマーのパーリ語主要ニーティ書、および「タイ・ユアン・ローカ・ニーティ」についての用語索引、付録には、「パーダ・インデックス（詩頌索引）」が掲載されており、参考になる。

既述のように『ダンマ・ニーティ』は、数あるパーリ語「ニーティ詩書」類の中でも、四一四偈という最多偈数より成っており、数偈毎にそれらの内容をまとめた章名が付けられていて序偈以外に合計二四章となっている。それはミャンマー国内にて現存する最古の権威ある『ダンマ・ニーティ・ニッサヤ（nissaya）』で編纂者U.Bud長老（一八二五〜？）によるものとされており、ＰＴＳ版もそれにならっている。この訳書においても、それにならった（本書・目次参照）。

パゴダはブッダの化身（そのもの）

ミャンマーは「パゴダ」の国だといわれる。グループ旅行でミャンマーを訪れ、旧都ヤンゴンのシュエダゴンパゴダ巡拝に行ったときのことであった。境内に足を踏み入れて間もなく、弟の一人の動きが、ぴたりと立ち止まりパゴダを見上げ、しばし呆然として感動に打ち震えているではないか。その姿は、驚嘆とともに私の脳裡に深く刻み込まれ、現在もその顔は忘れられない。

「すばらしい。すごい。妻を連れてもう一度見に来たい」。これが、そのとき彼の発した言葉であった。彼が熱心な浄土真宗の信者で説教聴聞者であることはわかっていたが、天空高く黄金に光輝くシュエダゴンパゴダの威容にあれほど感激するとは、私には予想できなかったのである。

パゴダは、ブッダの遺体を荼毘《だび》に付《ふ》し、その遺骨を祀った「仏舎利塔」が原型であり、釈尊の象徴として、北インドの当時のマガダ国やコーサラ国など八か国の人々が求め、それぞれの国で舎利容器に入れ、土饅頭に盛ってストゥーパ（塔）に祀った、と伝承され、実にこれが「仏像の最初」であるといわれる（畠中光享著『仏像の歩み』春秋社、二〇一三年刊、八頁）。

「遺骨を祀ったものは決して墓として作られたわけではなく、この世における唯一の釈尊の存在として、釈尊そのものを敬うために作られたものであり、仏教では仏・法・僧の三宝を最も大切にされるが、そのブッダへの敬愛が形となって表現されたのが、ストゥーパ（仏舎利塔）である」というのである。

後にアショーカ王の時代（紀元前三世紀中葉）に、さらに再分骨され、八万四千（多数のたとえ）の仏舎利に分けられてインド各地に分納されたという。その当時は「仏像」がまだ作られておらず、「仏舎利塔」のみが、釈尊そのもの（ブッダの化身）として、人々の仰ぎ見る拠り所であったからである。

ミャンマーのパゴダの有名なものには、そのほとんどに、仏歯、仏髪、仏舎利の一部が納められているという伝承「タマイン（ビ）」（建立起源に関する歴史上の由来記）がまつわりついている。「パゴダ」（仏舎利塔）は、ビルマ語で「パヤー」というが、広くは「尊い人」を意味し、ビルマ語辞書には「仏陀、釈尊、仏像、仏塔、パゴダ、神様」と記されており、きわめて高貴な存在である。また、同時に私たち在家者にとって非常に身近な存在ともなっている。なぜなら、いつでも自分の好きなときに、一人きりでも、家族や友達と一緒にでも、僧侶である比丘や長老を介することなくお参りし、直接ブッダと触れ合える聖なるところ、それがパゴダであるからである。

なお、「パヤー」に「ゼーディー」を加え、「パヤー・ゼーディー」として「塔」や「窟院」を指すが、「ゼーディー」はサンスクリットの「チェーティヤ」のビルマ語訛りで「塔廟」を指す語である。したがって、「パゴダ」と呼ばれる「パヤー・ゼーディー」には、次の四種があるとされる。

ミャンマーのパゴダ（パヤー・ゼーディー）四種

①ダートゥ・ゼーディー〈仏舎利、仏髪、仏歯などブッダの身体の部分を祀ったパゴダ〉

②パリボーガ・ゼーディー〈菩提樹とともにブッダの聖具を納めたパゴダ〉

③ウッディータカ・ゼーディー〈ブッダの徳を偲ぶ目標となるブッダの聖像を安置したパゴダ〉

④ダンマ・ゼーディー〈貝多羅葉《ばいたらよう》、金板、銀板などに刻まれた仏教聖典を包蔵したパゴダ〉

パゴダはもともと僧侶が居住するために建立されたものではなく、ブッダの舎利（遺骨）塔であり、その地方における在俗信者の代表者方が構成する「ゴーパカ」と呼ばれる委員会によって護持、管理、運営されている。

人々は、パゴダに参詣し、天空にそびえ立つパゴダを仰ぎ見ては、「三帰依文（仏・法・僧に帰依することを誓う言葉）」を唱え、さらにそれぞれ自分たちのお祈りを繰り返す。時には、瞑想にふけり、癒し、憩い、愉しみの場所となり、最後には、「仏陀《みほとけ》さま、どうか私にも涅槃が得られますように」と祈願してやまない。そうした多数の信者が、次々とひきも切らず訪れている。

とはいえ、彼らは、「この世に生きている間に、涅槃《ねはん》の世界に到達できる」などと安易に考えているわけではない。しかし、遠い未来の日であっても輪廻《りんね》の世界にある自分は何《い》時《つ》の日にか、功徳《くどく》を積み続けて、生、死を繰り返した末《すえ》には、涅槃へ到達したい、と誓願しているのである。今はすでに地獄にいるのではなく、餓鬼や畜生でもなく、有難くも一人の人間として、この世に生を受けている。今度また善き行為《おこない》をなして功徳《くどく》を積めば、次の世で、出家得度し沙弥や沙弥尼、比丘、長老になる機縁に恵まれた生涯が得られ、修行者となり、さらに難行を重ねるなら、涅槃の世界への道は、より近くなり確かなものになっていく。彼らはそう信じて疑わないのである。それは、一般世俗人にとっては不可能とされるきわめて困難な道であり、修行に全力を投入すべく決意した阿羅漢《あらかん》（漏尽比丘《ろじんびく》、即ちすべての煩悩〈漏〉を滅尽した比丘）になることを目指す聖者・エリートのための道であると聞いてきた。

さらに、『ジャータカ（釈尊の前生物語）』に語られているように、ブッダご自身も輪廻転《りんねてん》生《しょう》を繰り返した末に、解脱（さとり）の境地に到達したとも教えられている。その道は決して閉じられているとは聞かされなかった。さらに、差別されるべきはずのものではない、とも聞いている。ブッダは、あらゆる人が、自《みずか》らの心を整《ととの》え、ダンマ（法）を灯火《ともしび》とし、戒を守り、精進を続けるなら、何時の日にか、あらゆる煩悩を離れ「さとりの境地」に到達し、「安らぎ」に安住して『涅槃』の日を迎えることができると信じていたにちがいない。

善い行ないをし、徳を積む仏教

かつて『世界の宗教シリーズ』（淡交社）小乗仏教『戒律の救い』の中で、今や故人となられたが、石井米雄先生は、在家生活のありのままの生活の中に、タイ上座仏教の「救いの構造」が潜んでいることを教示して注目された。その中にはタイの女性人類学者が、中部タイの農村で、古老から採録した大略以下のような話が紹介されている。

生類《いきもの》の命を奪って罪業を重ねて地獄におちた母親は、そこで息子スピンが出家してサーマネーン（タイ語で沙弥《しゃみ》・未成年僧）となっているのを思い出し、閻魔《えんま》大王の前で「私にもまだわずかながらも功徳《くどく》が残っております。血肉を分けた一人息子が仏道を歩んでいるゆえ、何卒お慈悲を」とお願いし、母親は地獄からこの世に戻してもらう。さらに、沙弥のスピンは成人し、やがて二二七か条の戒律（具足戒）を守る比丘（出家成人僧）となって修行に励む。

そしてこの詩は、その最後を次のように結んでいる。「罪深い父親を地獄の淵から救いだす日もやがて、やってくる。これがサーマネーン・スピンの物語。沙弥となって母を救い　比丘《びく》となって父を救った息子のうた」（バーン・ナイ村の古謡より、同上書、一三六頁）。

これはタイ農村における民衆レベルの仏教理解を示すもので、「善行をなして善果を得、悪行をなして悪果を得る」という。つまり因果応報観を前提としている。また人間の存在はこの世で終わるのではなく、生まれかわり死にかわり（輪廻転生）して、とどまることがない存在である。

現在の生存の状態は、過去の無数の生存における「帳尻《ちょうじり》」の総和としてあり、それは現実の状態の説明原理として用いられる場合には宿命論と考えられるかもしれないが、そうではなく「功徳」の蓄積によって、自己の運命を現世にあってさえ、ある程度変えることができるという希望が、その底に流れており、「この世と先の世とで善果が得られるように」という一節のもつ意味は重要だというのである。

釈尊の弟子で目の不自由なアヌルッダ（阿那律）が、森の中で傷んだ衣を繕っていたときのこと、彼は針に糸を通そうとしていたが、目が不自由なためになかなか通せず、そこで周囲の僧に「誰か、この針に糸を通して、善行を積んでいただけませんか」と呼びかけたことがあった。

すると、針に糸を通してくれたのみならず、衣の傷みまで繕ってくれた人がおり、なんとそれは釈尊その人であったという逸話が伝えられている。アヌルッダがお礼を述べ、「世尊は、もはや善を積み上げる必要はないのではありませんか」と申し上げると、釈尊は、「功徳を積みたいという願いにおいて、私は誰にも劣るものではない」と語られたと伝承されている。

また、ミャンマーの人々は、知人が何事でも善行をなしたことを知ると、共に喜び、当人の家路につくのを見ては「おうちに帰ったら、家の玄関前にはパデーダ・ピン（豊穣《ほうじょう》の木）が生えているよ」といって、その善行を褒《ほ》め称《たた》えあうのである（小島敬裕著『ミャンマーを知るための60章』明石書店、二〇一三年刊、六三頁など）。

タイ国では、雨安居《うあんご》の時期（ほぼ七〜十月）には、十日ないし二週間の休暇をとり、一時出家する。「沙弥になることは母の、比丘になることは父に対する最大の孝養である」と信じられており、もしすでに他界している場合には、出家によって生じた功徳は、冥界の親に回向《えこう》され、より幸福な再生に貢献するとされている。

最近（二〇〇七年）の雨安居期間三か月間における見習い僧数の調査による統計報告が明らかにされているが、それによれば、ミャンマーは三百五万五千八七五人となっており、タイ（七万〇八一人）、ラオス（一万一千七四〇人）、カンボジア（三万二千四二一人）で、全国出家僧侶数はタイのほうがわずかに多いが、雨安居期における見習い僧の数は、ミャンマーが圧倒的に多い。そして僧侶と見習い僧を合わせた出家数全体では、ミャンマーが上座仏教諸国のうち最多数を占めていることがわかる。なお、数日のつもりで出家しても、毎年のように出家と還俗（もとの世俗生活に戻る）を繰り返す信者がいるため必然的に、ミャンマー人の男性仏教徒の多くは出家経験者ということになると報告されている（「僧伽と僧院」（同上書）一八九頁参照）。

テーラヴァーダ仏教の救いと繁栄

南伝上座仏教が、「救済」は自己の努力のみによって達成されると説く単なるエリート僧志向の宗教に過ぎないのであれば、今日のようなテーラヴァーダ仏教の隆盛はありえなかったはずである。

南伝上座仏教が今日なお人々の心を捉え繁栄を続けているのは、前述のような、いわば建て前の宗教と並んで、民衆にとっても理解しやすく、また魅力的な資質を備えている仏教だからである。

その第一が、功徳を積むことによってこの世と先の世において幸福が得られるという思想が盛られていることである。

第二は、功徳行の対象が、もっぱらサンガ（僧伽・仏教僧団）に向けられているという点であって、福田思想はサンガを「福田」と規定することにより、「プンニャ（パ）」（福徳・善行・功徳の意）の獲得に動機づけられた民衆仏教徒の行為を、すべてサンガとその維持に向けさせ率いることに成功しているからだというのである。

第三に、一時出家することも「功徳を生む行為」の中に含まれるとして、サンガは建前上のエリートだけでなく、輪廻上の秩序ということでは動機や外見から区別することは不可能で、異質な成員となるが、現代サンガは、そうした一般在家の人々をも一時的に含むことにより、そのメンバーになることが可能となっているのである。

したがって現代の南伝上座仏教は、「涅槃志向型」と「功徳追求型」という二つの宗教要素によって構成されており、一見、逆のヴェクトル方向を持つ二つの宗教要素が結合し、相互に補完し合うことによって、現代にあっても安定した繁栄を続けているのである。

仏教に期待される今後の課題

先日、『世俗を生きる出家者たち』「上座仏教徒社会ミャンマーにおける出家生活の民族史」（蔵本龍介著、法藏館、二〇一四年刊）という書物を書店経由にて恵送いただいた。そこには詳細な現地におけるフィールドワークの積み上げがあり、新視点から考察を加えた学術書で、学び、考えさせられる点も多く有難かったが、著者が、その最終章に、「出家者たちが、「仏教とはなにか」「律とはなにか」「出家者とはなにか」「僧院とはなにか」という問いに、これまで以上に真剣に向き合う必要がある。こうした問いに出家者自身が、いかに答え、いかなる生き方を紡いでいくのか。それが出家者の社会的な立場のみならず、出家者の存在を重要な結節点としてきたミャンマー社会そのものの行方を左右する大きな要因となるであろう」と述べている点が強く印象に残り、私も同様な感慨を抱かざるを得なかった。

なお、その言葉は、日本仏教界のほとんどの寺院が「家族が同居する寺院」であることに思いを致すとき、国内外の僧侶が、どのように生きてきたか、今日、現代の日本仏教徒が、どのように生きているか、時勢に流されて世俗の毒に飲み込まれ、理性を失って放逸の波に巻き込まれたままになってはいないか、急速な現代科学文明の進展、原子力発電所の事故、自然災害への対処など、自分自身を含め、今こそ、真摯な反省が求められており、冷静な判断による新たな歩みが求められているように思えてならない。

ミャンマーは、パガン王朝による建国以来、絶体王政、そして幾世紀にも及ぶ英国植民地支配という過酷な時代の中で、受容してきた上座仏教をつちかってきたのであった。

第二次大戦後の一九四八年一月、「連邦共和国」としてビルマ（現ミャンマー）は昔年来の悲願であった独立を達成した。憲法の中には「連邦公民の最大多数の奉ずる信仰として、仏教の特殊的地位を承認する」とうたい、一九五〇年に宗教省が設置され、翌年には「仏教評議会（ブッダサーサナ・カウンセィル）」が、ウー・ヌー首相らの提案で設置されて、仏教復興運動の推進に主体的役割を果たした。仏滅二五〇〇年を記念して全世界の仏教徒に呼びかけ、スリランカ、ミャンマー、タイ、ラオスなど上座仏教国の歴史的伝統を引き継ぎ、日本を含め全世界の仏教国代表団を招待し、「第六回仏典結集会（一九五四年五月から一九五六年五月まで）」を当時のビルマ連邦共和国の首都ラングーン（現ヤンゴン市のガバエイ〈「世界平和の丘」の意〉）における大殿堂にて挙行された（詳細は拙著『ビルマ仏教』法藏館、一九九五年刊、一二〇頁など参照）。

ここでは当時のことを振り返る余裕はないが、結集会期間中は、確認された三蔵やパーリ語経典を読誦する音声が、連日スピーカーを通してガバエイ丘の街中に響き渡っていて、滞在中は昼寝もままならなかったものだったが、今ではそれが懐かしく思い出される。

なお、それらは、ビルマ文字によりあらためて改訂され、『第六回仏典結集版』として、パーリ語三蔵（経・律・論）四十巻（四十冊）およびその註釈書（アッタカター）合計五十一冊、複註書（ティーカー）二十六冊・その他の学生用ティーカー二十四冊で合計五十冊が出版されており、学問的価値も高く評価されている。

その他『結集問答集』十冊、『結集検討箇所』三冊、『大ブッダ伝（マハーボウダウィン）』六巻八冊版（これらはビルマ語による書籍）、また、英語訳本なども刊行されたのであった。

なお、その後小生が大谷大学真宗総合研究所貝多羅葉研究班の一員としてビルマ文字写本および刊本の調査依頼を受けてヤンゴン市にて入手し、一九九六年四月と翌九七年四月に大谷大学図書館に納入した書籍には、三蔵以外のパーリ語による諸典籍に関するティーカー四冊、およびビルマ語による二冊の複註書（ティーカー）があり、その他に「諸雑典籍（ガンタンタラ）」が十巻（冊）、「パーリ・ビルマ語逐語訳書（ニッサヤ）」二十六巻（冊）がある（以上の典籍名の詳細については、大谷大学真宗総合研究所研究紀要第一六号〈一九九九年三月〉所載、共同研究〈代表者・吉本信行〉「大谷大学図書館所蔵パーリ語貝葉写本の文献的研究」参照）。

こうした典籍のことまで付記するのは、仏教学および文化人類学、東南アジア学研究の進展が著しく、現地調査やフィールドワークに出かけることも以前より容易となっているので、何ほどかお役に立つかもしれないと思ったからである。

なお、本文中における（パ）はパーリ語、（ビ）はビルマ語を指す略付号として使用している。

パーリ語教訓詩

『ダンマ・ニーティ（さとりへの導き）』

かの世尊《せそん》阿羅漢《あらかん》平等覚者《びょうどうかくしゃ》に帰命《きみょう》し奉《たてまつ》る。(1)

［序　章］

（一）最も優れた三宝(1)を敬礼《きょうらい》し　古来の師がたの伝える
あらゆる世界の幸せをもたらす法の教えを説こう

（二）「師」「技芸」「智慧」「見聞」「財物」「居住地」

「拠りどころ」「友達」「悪人」「善人」「力」

（三）「女性」「子息」「奴僕《ぬぼく》」[2]「在家者」「因縁」「知識」
「修辞」「王法」「侍従《じじゅう》」[3]「二法偈など混合法品」「雑品」
これらがその要目となる

［第一章］　師[1]

（四）この世で師の足元に跪《ひざまず》き学ぼうとしない人たちがいる
彼らはどうなるのであろうか
師の足元の塵埃《ちりほこり》を浴びてまで学ぼうとする人たち
彼らこそ善き人々であり　分別し善悪の判断ができる人たち

（五）師の導きなしに　愚者は言葉を飾りたがる

かの愚者が　どうして知識ある人に笑われないことがあろうか

（六）勤勉　給仕　聴聞　奉仕　恭敬《きょうけい》習得
これら五つにより　知ある弟子は師を喜ばす

（七）親教師《しんきょうし》や(2)　父母に対して心から仕えることのない人
その人の子は　また同じような人になる

（八）親教師や　父母に対して心から仕える人
その人の子は　また同じような人になる

（九）弟子たるものは　文字や語句を獄吏《ごくり》のようによく調べ学べ
師たる者は　それを裁く裁判官のように厳正であれ

（一〇）もし豊かな学識を持つ賢者の居所を知ったなら

知識を求める人は　大いに努めてそこを尋ねよ[3]

（一一）木陰は涼しい　父母親族の陰はもっと涼しい
師の陰はそれより涼しく　王の陰はもっと涼しい
ブッダ（勝者）の陰は王の陰より　さらに幾倍も涼しい[4]

（一二）塔の石傘は重い　天のお告げはそれより重い
先生や両親の教えはさらに重い　ブッダの教えはなおさらに重い[5]

（一三）綿は軽い　世間で落ち着きのない人は　それより軽薄
年長者の教えを聞かない人は　さらに軽薄
仏法を聞いても　放逸な人は　なおさらに軽薄[6]

［第二章］　学　術①

（一四）天啓・伝聞書学②　法学　数学　工芸学　処世学　開運学　芸能学
投擲《とうてき》術　弓術　古典学

（一五）医学　喜劇　占星術　魔術　韻律学　政治学　呪文術　文法学
これらが十八科目の学問である③

（一六）精進のない人に　どうして技術が身につこう
技術のない人に　どうしてお金が得られよう
お金のない人に　どうして友達が得られよう
友達のない人に　どうして幸せが得られよう
幸せでない人に　どうして徳が積まれよう

徳のない人に　どうして平安の涅槃が得られよう[4]

（一七）技術に等しい財はない　盗人たちも盗めない
この世にあって技術は友　あの世で楽を運ぶもの[5]

（一八）子息よ　日々常に自覚して学べ　師を疲れさせるな
王は自分の領地で尊敬され　覚者は何処でも尊敬される

（一九）子息よ　学べ　どうして怠けるの
学ばぬ者は一生涯他人に仕える荷役夫
よく学ぶ者は世の中で尊敬される人となる
だから子息よ　日々に学び　励め[6]

（二〇）裕福な家に生まれ　若く美しくても
学問のない者は　香りのないキンスカ花[7]のようなもの

（二一）子供たちを若いうちに勉強させないと
やがて両親は子供の敵となる
たとえば白鳥の群れの中の青鷺《あおさぎ》のように
その子は世の中の厄介者《やっかいもの》となる(8)

（二二）徳高き人　高所にとどまらず
高楼の頂に止まる鳥とて　金翅鳥にあらず(9)

（二三）低きも高きもその中も　習ったことはすべて学べ
あらゆる意味を知るがよい　すべてを実践しなくともよい
学問が利益をもたらすなら　いずれ役立つ時もこよう

（二四）ただ自分を褒《ほ》めている愚者は　この世で輝かしくはない
ただ井戸に落ちると　自分の造《つく》った罪は明らかになる

（二五）心の迷いを抑える書物は　愚者をさらに迷いに誘う
眼を明るくする太陽の威力が梟《ふくろう》の目をくらますように

（二六）食べることや男女の交わりや眠ることは
人間も牛もするが
学問するのは人間に特有のこと
それがなければ　人は牛と変わらない(10)

（二七）いろいろと知りたがり　多くのことを習う人は
たとえば唖者《あしゃ》(11)が夢で見たことを話せないように
習ったことを人に語ることはできない(12)

[第三章]　智　慧

（二八）学ぶことによって人は見聞を広める
見聞によって人は知識を得る
知識によって意義を明らかにする
明らかにした意義だけが確かな幸せをもたらす(1)

（二九）賢者はまだ起こらない危険を知って　遠くから引き返す
起こった危険には　勇気をもって立ち向かう(2)

（三〇）賢者は　貪《むさぼ》り　怒り　自慢　高慢　怠惰　嫉妬　放逸《ほういつ》(3)
泥酔　随眠《ずいみん》(4)　偽善　垢《あか》　それぞれを捨て去るべし

（三一）信心　慚《ざん》(5)　愧《き》(6)　博識　精進　念　智慧
これら七法(7)を具備する者は　賢者と認められる

（三二）現世の利益と　来世の利益と

それら二つの利益を領解する賢い人を賢者という

（三三）その場にふさわしい話　自らの愛にふさわしい人
自らの立場に応じた憤慨　それらを知る者は賢者である(8)

（三四）国王と賢者は同じように比べられるべきではない
いかなるときも　自領では王が尊敬されるが
ブッダは　すべての地で尊敬される

（三五）愚者に褒められても　罰があたったようなもの
賢者に褒められてこそ　賢者にとって真の称賛(9)

（三六）もし一人の自己調御者《ちょうぎょしゃ》が　自身のみならず
あらゆる人々を調御し得るなら
いかなる賢者が彼を破滅させ得ようか

（三七）身体と徳との間はきわめて遠い
身体は瞬時に壊れるが　徳は劫[10]の末まで存在する

（三八）自慢や傲慢《ごうまん》にならず　大利益や明知や繁栄に
接近し視察する　その人は賢者と言われる

（三九）ものを得ようと望まない人たちがいる
ものが無くなっても悲しまない
不幸にあっても愚昧とならない
彼らこそ賢者である

（四〇）一語句の難所に出遭《であ》ったからとて賢者を侮《あなど》るなかれ
三大洲に照らす太陽も　竹節の中まではどうにもならない

（四一）徳や欠点があるからといって捨てられるべきものではない

柔らかい睡蓮《すいれん》の茎は　堅いからといって誰も捨てはしない

（四二）優れて大きな書籍を持っていても貪欲と愚昧《ぐまい》をもっているなら
自分の疑問を切断することには悩まされる

（四三）徳を口にする人は自分の徳を見て（他人の）欠点を見ても言わない
世間は月に暗印があっても欠点とは見ないように

（四四）識者は他の賢者と　たとえ一度でも交際をする
自分の利益のためでも　他人の利益のためであっても
涅槃の楽しみを求めて

（四五）河岸にある井戸に水がないとか
鑽木《さんき》(11)や団扇《うちわ》に風がないとか
賢者の口には言葉がないとか　それは言えない

（四六）賢者は問われなければ太鼓のように構えている
問われると大雨の降るように語る
愚者は問われても問われなくとも
たえまなく多くを語る[12]

（四七）徳という荘厳を身につけ
あらゆる生き物に利益をもたらすとしても
自身と他人の幸せのため実践しなければ
どうして賢者と言われよう

（四八）賢者ならば自身と他人の幸せのために努めよ
それができぬなら　少なくとも
罪を犯さぬよう努めるべきである

（四九）あらゆることを耳により聞く　あらゆるものを眼により見る

賢き人は　見聞したすべてのものごとを斥《しりぞ》けずに覚えておく(13)

(五〇)眼あるのに盲人のようなら　耳あるのに聾者のようなら
智慧あるのに唖者のようなら　力あるのに弱者のようなら
自分の用事ができた時に亡骸《なきがら》のように眠っているようなもの

(五一)賢者たちは生まれの善い子　親に従順な子を好む
家庭を壊す子　劣った家庭の子を好まない

(五二)典籍においては賢者は三種のみ
私のみが賢い　私も賢い　私は賢くない

(五三)善人のいない集まりは集会ではない
法を語らぬ人たちは善人ではない
貪り　怒り　愚かさを捨てて法を語る

彼らこそ善人である

（五四）智慧ある者は　愚者や気狂い　王　師　父母たち
長老僧や年上の兄たちに対しては　過失を探し責めたりするものではない

（五五）利益の損失について　悩みごとについて
騙されたことについて
家庭の中のいざこざや　軽蔑されたことについて
思慮ある者は語らない[14]

（五六）他人の妻を自分の妻のように
他人の財物を土の固まりのように
すべての生き物を自分自身のように観る
その人は賢者である

（五七）友をたぶらかし　真理の教えを濁らし
安易に技を得ようとし　栄達を望み
粗暴に女性を求める
そのような者たちを賢者とは言わない

［第四章］　聴　聞

（五八）真実を求める者は　微妙な点までよく捉えて聴聞しなさい
釜で炊かれたご飯は　お皿に盛られてもそのまま変わりはしない

（五九）宝石のある山から遠く離れていても賢人は財宝を持っている
山地民は山に近くても財宝を持ってはいない
そのように愚者たちは多くの知識をもってはいない

（六〇）鹿に金貨は何になろうか　破戒者に戒は何になろうか
無法者に法が何になろうか　愚者に知識が何になろうか

（六一）知識の少ないこの男は運搬用牡牛のように生きている
彼には肉が増大するが　智慧は増えない[1]

（六二）考えが浅く　智慧のない者は
僅かばかりの学問を過大なものと思い込む
それは大海を知らない井戸の中の蛙のようなもの[2]

（六三）これによって知りなさい　峡谷の溝や山岳の細い川は
音を立てながら流れ　大河は沈黙を保ちつつ流れるのを

［第五章］　説　話

（六四）寂静者《しずまれるひと》はよく説かれた話を最上という
第一に仏の法を説きなさい
第二に非法を説かず慈愛を説きなさい
第三に嫌われる話をせずに真理の話をしなさい
第四に虚偽の話をしないようにしなさい（1）

（六五）獅子の尿は　金製の容器なら保ち漏れない　銀製の容器では漏れる
賢者の話は　愚者には保てない

（六六）この火は大きな火なのに　粘土を柔らかくすることはできない
水は粘土を柔らかくする　賢者の言葉は頑《かたく》なな心を解きほぐす

（六七）優しさで敵に打ち勝ち　優しさで凶暴な人に勝つ
優しさで勝つのだから　優しさで成就しないことはない

（六八）栴檀の香りはすがすがしい
月の光は　栴檀の香りよりさらにすがすがしい
賢者の言葉は　それらよりさらにすがすがしい[2]

（六九）言葉のやさしい人には友達が多い
言葉の荒々しい人には友達が少ない
たとえば月と太陽のように
月が出ると多くの星が見られるが太陽はただひとり[3]

（七〇）時と所を得た数少ない言葉は　よく語られた話
まずいご飯もひもじい時に食べるとおいしいから

（七一）おしゃべりの人は多くの言葉に意味があっても　留意されない
川の水は有益なのに無視されているのを見ればわかるではないか

（七二）いつまでも話していてもいけないし　黙っていてもいけない
適当な時に乱れることなく　よく考えて言葉を述べなさい(4)

（七三）ものごとが成就するには　よい言葉遣いが因《もと》になる
言葉遣いが悪ければ　望む仕事は成就しない

（七四）仕込まれた　手　足　頭　背　腹
これら五つは常時《つね》に口に仕えている

［第六章］　財

（七五）信仰は財　戒は財　恥は財　愧(1)は財
見聞は財　捨は財　七つ目の財は智慧

（七六）女性の財は美貌(2)　男性の財は家系　蛇の財は毒
王の財は武力　比丘の財は戒　バラモンの財は明智

（七七）不幸になったとき美貌は何の役にも立たない
不幸になったとき智慧は何の役にも立たない
不幸になったとき家系は何の役にも立たない
不幸になったとき武力は何の役にも立たない

（七八）貧しくなれば友人は離れる　妻子や兄弟姉妹すら離れる
財ある人にのみ彼らは近寄る　財はこの世の大切な友(3)

（七九）人は何時も水のある池に近づくように　資産家や金持ちに近づく

彼らの財産がなくなれば　人々は彼らを捨てる

（八〇）おのずから幸運はつくられ　おのずから不運はつくられた
幸運も不運も　おたがいをつくりだしたものではない

［第七章］　居住地

（八一）金持ち　知識人　統治者　医者のいない所　河川のない所
これら五種のない所には　一日でも住まないがよい(1)

（八二）尊敬する人　愛する人　親類　学問のある人
そのような人のいない所には　一日でも住まないがよい(2)

（八三）善い人を尊敬せずに見下げる　悪い人を尊重する

そんな所には一日でも住まないがよい

（八四）獅子　象　善人　これら三者は
自分の利益とならない所を捨て移動する
鳥　鹿　馬鹿者　これら三者は
つねに自分の生まれた所を移動せず　そこで死に至る(3)

（八五）賢者は　怠け者と勤勉家　勇敢な人と怖がる人とが
もし同じように尊敬されるなら　そんな所には住まない

（八六）賢者たる者は　一方の足を前に進めても
もう一方の足はもとの所を離れない
そのように新しい所をよく調べないで古い所を離れるな(4)

（八七）歯　髪　爪　人は　その場を離れると輝きを失う

そのように知る賢者は　急いで自らの居所を捨てない

［第八章］　拠りどころ

（八八）一切智者（ブッダ）と評価されるほどの賢者でも
王の協力なしには偉大な人にはなれない
非常に高価な宝石でも
金の飾りなしでは輝きを増さないように(1)

（八九）気性の荒い主人に　仕えないほうがよい
物惜しみする主人には　なおさら仕えないがよい
恩を知らない主人に仕えるのは　なおいけない
乱暴をする主人に仕えるのは　なおさらいけない(2)

（九〇）当人の目の前では褒め　いないところでは悪口を言う
そのような友達を避けるがよい　毒壺の蜂蜜を捨てるように③

（九一）太陽の光は背を向けて浴びよ　火には腹を向けて暖をとれ
主人にはあらゆる場合に裏表なく近づけ　あの世には迷わずに行け④

（九二）悪を為《な》す者に仕えるな　うそつきには仕えるな
自己の利益にさとい者には仕えるな　常識はずれの者には仕えるな

（九三）大いなる人に従って為すなら　小人も大となる
金山にいる鳥は　金山によって金鳥となる

（九四）武力で勝てない王は　権力では勝てない
たとえば風のないところで灯火がひとりでに消えるように⑤

（九五）樹木はよい土地によって果実や花をつける
大いなる福徳はよき人に近寄り増大する

［第九章］　友　達

（九六）怠惰でなく　乱暴でなく　へそまがりでない者
清浄で　誠実で　少欲なる者　自他の利益をはかる者
そのような人は最上の人である　とブッダは言われた

（九七）無益のことを拒んでくれ　利益になることを勧めてくれる
災厄の時にも捨てさらない　これらこそ友達のしるし

（九八）病《やま》いのとき　災厄のとき　飢えているとき
敵に捕えられたとき　王の面前に

墓地で　共にいてくれる人　それが真実の友達[1]

（九九）薬草や修行者　良医や善人は得がたい
そのように善意の人やよき友　賢者も得がたい

（一〇〇）確かな友を捨て不確かな人と付きあう
堅固なものも消滅する　不確かな語句はいうまでもない

（一〇一）欲張りは贈与で従わせるがよい
高慢ちさは謙遜で従わせるがよい
愚者は甘やかして従わせるがよい
賢い人は真理によって従わせるがよい[2]

（一〇二）交際がひんぱんにすぎると　片寄った交際になったり
不適当な依頼があったりする　それらにより友は離れる

（一〇三）それ故あまりひんぱんに他人のところに行くな
特定の人と長い間交際を続けないほうがよい
適当なときに頼みごとをするがよい
そのようにするなら友達は離れていかない

（一〇四）友達と交際すると平安さは減少する
賢者はあらかじめ火から身を守るように
その迷惑から自らを守らなければならない

（一〇五）友達と交わることにより平安さは増大する
賢者はすべての仕事を自分の仕事と同じようにする

（一〇六）穂先から根のほうへ砂糖黍は一節ごとに甘味が濃くなる
そのようによい友達は　交わるごとに友情が深まる
砂糖黍の根のほうから穂先へ向かって甘味が薄くなるように

悪い友達は　はじめはよいが　次第に友情が薄れる(3)

(一〇七)　それで聖者（ブッダ）は　いかなる世間の法も
輪廻(4)の世界を超え涅槃に導く超世の法を説かれた

(一〇八)　善き友がくると　すべての生き物に幸せが訪れる
それで何時も善い友達には敬意を払《はら》いなさい

(一〇九)　賢者は実に知恩・報恩の人を善き友とする
苦悩の人の世話をなし　何事をも丁寧になす
そのような人を善人と世の人々は言う

(一一〇)　人は役に立つなら　敵であっても親類と同じ
役に立たないなら　親類でも敵と同じ
身についてはいるが　病気は役に立たない

遠い森に生えていても　薬草は役に立つ[5]

（一一一）顔はにこにこ蓮の花　言葉は滑らか白檀のよう
でも心の中に猛毒をもつ　そんな人は避けるがよい[6]

［第一〇章］　悪　人

（一一二）前生において善《よ》い行ないをして幸せを得たことを見ず
不善を為して苦しみを得たことを見ない　そんな人は愚者

（一一三）人は束《つか》の間の自己を確実堅固で永久に存在するもの
そう考えて持戒や布施をおろそかにし　無駄な時間を費やす[1]

（一一四）愚者は悪事を為して　それらを除去する努力をしない

虎なども進み行く己の足跡を消すことにつとめるであろうか

（一一五）貧乏人は財を求め　力弱き者は争いを望む
浅学なる者は口論が好き　これら三種は愚者の相

（一一六）招かれないのに　他人の家を訪ねる人
問われないのに　多くの言葉を語る人
自ら己の偉さを語る人　これら三者は下品の相(2)

（一一七）表皮は赤くても　中に虫が詰まっている
熟した野生無花果《いちじく》の実のように　邪悪な人の心も同じ(3)

（一一八）水のいっぱいに入っていない壺を運ぶと音を立てる
水満杯の壺を運んでも水音は立てず静寂
愚者は水半分の壺の如く　賢者は満杯の壺の如し(4)

（一一九）悪人は賢者により教え戒められても賭博をやめられない
灰はいくらみがいても無垢とならないように

（一二〇）愚者に学問を教えるなら　悪妻と共に暮らすなら
悪人と交際を続けるなら　賢者でも堕落する[5]

（一二一）人妻に惹かれること　世間にまみれて財に迷うこと
善人に害を加えること　愚者に対する仕業はさらに愚か

（一二二）悪人は世間の人が　悪人こそが善人だと言っている
世の中に　これほどおかしな冗談はない

（一二三）悪人は実に他人を非難することなしには楽しめない
犬が何を食べても不浄なものを除いては喜ばないように

（一二四）精錬工は過熱して曲げ　柔軟にして物をつくる
悪者の心は　何にもたとえられないほど柔軟にならない
いかなる金属に依るべきなのだろうか

（一二五）生存欲のある人が遠く離れた毒蛇を察知して
遠避《とおざ》けるように　悪人への交際を避けたほうがよい

（一二六）腹黒い人とは　敵でなくても　交際しないがよい
焼いている灼熱の炭も　しずまると黒くなる

（一二七）悪人が知識によって飾っても何にもならない
蛇に宝珠を見せても何ら恐れはしないではないか

（一二八）森林を燃やす火には風という友がある
その風は時には火を消すことさえあるのに

悪者には何処にも風となる友がいない

（一二九）毒蛇も悪人も恐ろしいが　悪人は毒蛇よりも恐ろしい
毒蛇は呪文や薬物でなだめられても
悪人をおとなしくさせる薬は何もない(6)

（一三〇）愚者の心に知識が蓄えられても　それのみで徳のある人になれない
樹の穴に甘い蜂蜜が蓄えられても　ニンブー(7)の樹は甘くならない

（一三一）よくない人と交われば　善人も悪人となる
まっすぐな道も塵や埃にまみれていては不快でしかない

（一三二）腐った魚を茅草で包むと　茅草は臭いにおいを放つ
愚者との交際も　それと同じと知るがよい

（一三三）愚者と知り合いになったり　話を聞いたり　共住したりするな
愚者と会話をしたり　共に喜んだりするな

（一三四）愚者は正しくない方法に導き　自分の任務でないことを勧め
愚かな方向を最善とする　正しく説かれても怒り
戒律を理解しない　したがってそんな人を見かけないほうがよい

（一三五）愚者は賢者と一生涯共に住んでいても賢者の法を知ることがない
たとえば　しゃもじが料理の味を知らないように⑧

（一三六）芭蕉の果実は　実際に芭蕉を枯らす
竹や葦が実をつけると　竹や葦を枯らす
劣悪人への礼賛は　劣悪人を殺す
アッサタリー牝驢馬の胎児が母驢馬を殺すように⑨

（一三七）犬は犬を見ると歯をむき出して向かっていく
悪い人は悪い人をねたみ　危害を加えようとする(10)

（一三八）蛙は獅子と同じように座れたとしても蛙
豚は豹と同じ鳴き声を出しても豚
猫は虎に毛色や姿が似ていても猫
悪知恵は智慧に似ていても真の智慧にはあらず(11)

（一三九）蛙はうずくまって座るだけで獅子になったように思うが
鳥にとらえられるとやはり「ケロケロ」と啼く
学問がないのにある振りをする者は
賢者が問うと「エーエー」とつまる(12)

（一四〇）家のなかを荒らしまわるのは鼠《ねずみ》
森のなかを荒らしまわるのは猿

鳥のなかを荒らしまわるのは烏
人のなかを荒らしまわるのは婆羅門《バラモン》(13)

〔第一一章〕　善　人

（一四一）　草と土地と水と　四つめはよい話
これらは善人の家に　何時も揃《そろ》っている

（一四二）　川は水を飲まない　樹は果実を食べない
場所をえらんで雨は降らない
善い人は自分の財を人々のために使う(1)

（一四三）　遠くに住んでいても　善き人の徳は伝わる
蜜蜂が花の香りを知り　自ら訪れるように

（一四四）善人はこの世で卑しき人と一緒になっても交際はしない
近くに住んでいる多くの狂人と共に行動しないように

（一四五）悪友を避けてよい人に近づく　動かぬ楽を祈願する人は
善い人の教訓に従うがよい

（一四六）表皮に棘《とげ》があっても　中に甘味が満ちている
熟したパンの樹の果実のように善い人の心も同じ(2)

（一四七）香りあるタガラの花をパラーサの葉で包めば　香りがその葉に移る
そのように賢者に親しむ者は　賢者につられ徳が高くなる(3)

（一四八）賢者を見て話を聞き　賢者と共に住み
賢者との会話を楽しむよう努めるがよい

（一四九）賢者は正しい方法を維持する　自分の責務でないことはしない
正しいことを最善と受け取り　正しい方法での発言には怒らない
彼は戒律をよく知っている　彼と付き合うのは善いことだ

（一五〇）賢い人は小さなことでも賢者に従いついて行き直ぐに法を知る
たとえばおかずの味が直ぐわかる舌のように(4)

［第一二章］　力

（一五一）腕力や大臣の力や財力や家系の力　これら四つの力よりも
まさに智慧の力のほうが優れている

（一五二）鳥の力は　天空　魚の力は　水
弱者の力は　王様　子供の力は　号泣《ごうきゅう》(1)

（一五三）月は力　太陽は力　沙門・バラモンは力
大海には岸が力　女の力は超強大

（一五四）足ある動物の中で獅子は最も強力　蛆《うじ》はそれより強力
蟻はそれよりさらに強力　人間の王はすべての中で最も強力

（一五五）林は　鹿の趣く所　空は　鳥の赴く所
離欲は　法の目的　涅槃は　阿羅漢《あらかん》（2）の目的

［第一三章］　女　性

（一五六）賢い者は　たとえ醜くとも　よい家系の娘と結婚したほうがよい
美しくても　低い家系の娘とは結婚しないほうがよい

（一五七）黄金色の肌　鹿のような黒眼　美しい髪の毛　細い腰と歯並び
見目良い顔色　深いへそ　よい言葉遣いと躾《しつけ》　そして勤勉さ
たとえ低い身分の生まれでも　そのような乙女と結婚するがよい(1)

（一五八）食事のときは　母親のしてくれたように食べさせてくれ
頼るときには　乳母のように世話をしてくれる
仕事をするときには　自分の家来のようにする
為すべきときには　乳母のように面倒をみてくれる(2)

（一五九）真理について頼りとなり　寝床では褒め言葉を
家のことでは兄のように語る　そんな女性は最高といわれる

（一六〇）いつも常に変わらず熱意を持ち　勤勉に養われたその妻は
欲したあらゆる物を運んで養ってくれた夫を大切にする

（一六一）そのような妻は　嫉妬の行為で主人を悩ましたりしない
賢い妻は主人のすべての師匠を尊敬する

（一六二）賢い妻は奮励し　怠けることのない夫の部下同僚たちを応援し
主人の気に入るように行ない　集めた財産をよく守る

（一六三）夫の意思に従って行動する妻は　その可愛らしさのため
それにふさわしい天界の天女に再生する

（一六四）ある種の女性が　すべての人の中で最も優れていると覚者[3]は言われた
生命ある者の中で
女性が最も優れた奉仕者であるとも言われた

（一六五）賢者は隔離された所でも　母や娘あるいは姉妹とも相談しない
何故なら女性には誘惑が多かったのだから

（一六六）女性は雷鳴の動き　武器の鋭さ　風や火の速さ
それらに習《なら》って行動する

（一六七）女性の食欲は　男性の二倍あり
女性の智慧は　男性の四倍あり
女性の努力は　男性の六倍する
女性の欲望は　男性の八倍ある(4)

（一六八）それぞれ一人の女性には八人の夫がいる　勇敢な夫　有力な夫
あらゆる欲しい物を運んでくる夫　それでも第九の夫を欲しがる
なぜなら　いつも不満で　充たされることがないから

（一六九）口喧嘩の好きな女　嫉んで直ぐ不平を言う女
見た物を直ぐ欲しがる女　限度なく大食し眠る女
たとえ百人の子を産む女でも　そんな女は捨てたほうがよい(5)

（一七〇）ある女たちは夫以外の男と会話する　心が揺れ夫以外の男を見つめる
気にいった他の男を考える　彼女らには本当に好きな男は誰になるのか

（一七一）風を網ですくう　海水を片手で撒く　自分の手拍子で音を立てる
放逸になって捨ててしまう　これらこそ女性の性《さが》である

（一七二）ある人によって　舌が千枚あり百年生きているとして
他の仕事をせずに女の悪口を言い続けたとしても
女の欠点はどうして尽きることがあろうか　と言われた(6)

［第一四章］　子　息

（一七三）賢者たちは五つのことを望んで子息を欲しがる
自分たちを養ってくれること　自分の家業を為すこと

（一七四）家系を末永く存続すること　久しく遺産を存続すること
さらにまた　故人の供養を為すことを

（一七五）賢い親は子息が自分よりすぐれているか　あるいは
同等の生き方をのぞみ　劣れる子には
家の断絶者にならないようにと望む

（一七六）一つのお腹から生まれたからとて　同じにならない
様々な容貌で行動も種々に異なる　なつめの棘《とげ》のように

（一七七）教え諭されない者に過失が多い　調御されると徳が高まる
それゆえ子息も弟子も訓戒されるべき時に仕込まれるべし

（一七八）訓戒せよ　教え諭せ　卑しい行ないを避けさせるべし
調御された者は親しまれ　教戒されない者は好まれない(1)

（一七九）乱雑な子息や兄弟は　教戒すべきで　捨ててはいけない
大便で汚れた手足だからとて　どうして切られようか⑵

［第一五章］　奴　僕

（一八〇）家内で生まれた奴《ぬ》僕《ぼく》・奴《ぬ》婢《ひ》　自ら奴僕・奴婢になった人
金銭で買われた奴僕・奴碑　戦争捕虜として連れられてきた奴僕・奴碑
このように奴僕・奴婢には四種ある⑴

（一八一）奴僕にも五種があり　泥棒　主人　友達　親類　自分に似た者
それぞれこれらのように振る舞う者がいるので　そのように
友人や妻子　親戚の賢者たちにも知らせておくがよい

［第一六章］　在家居住者

（一八二）邪悪な妻　詐欺《さぎ》の友達　逆らいごとを言う奴僕
毒蛇の居る家を住処にすること　彼らに死は疑いなし(1)

（一八三）私たちは名声や利得を期待している人を遠くからさける
それゆえ賢者は彼を無視して自らの道を求める

（一八四）脱穀の場所　家畜小屋　耕作地には頻繁に足を運べ
適量の穀物を保存し　家で量ったものを炊くべきだ

（一八五）眉墨《まゆずみ》の使い切ったのを見たり　蟻塚の集積を見たり
蜜蜂の巣のかたまりを見たりして賢者は家庭を管理すべし

（一八六）自ら収入と支出とを知り　自ら為すべきことと為さざるべきことを知り
抑制すべきものをおさえ　称賛に値すべきことを称賛すべし[2]

（一八七）王様は一夜に三時間　賢者は一夜に六時間
庶民は一夜に九時間　乞食は十二時間寝てよし[3]

（一八八）手伝ってくれる人は親戚と同じ　養ってくれる人は親と同じ
信頼を寄せる者こそ真の友　心を慰めてくれる女こそ真の妻[4]

（一八九）愛すべき信者なら百マーサカ[5]でも大したこととは思わない
愛情のない信者なら一マーサカでも百マーサカ以上の大事

（一九〇）物を欲しがる者は嫌われる　他人に与えられない者も嫌われる
それゆえ優れた者は　この世で財物も学問も取得すべし

（一九一）いかなるときも財を守れ　財より妻を守れ
財や妻よりも　つねに自分を愛護するようであれ

（一九二）共通の妻を持つなかれ　一人で美味なる物を食すなかれ
享楽主義者には仕えるな　それでは智慧はつかない

（一九三）聡明な人は戒を保つ　義務をわきまえ勤勉にして倹約家
義理に厚く情は濃やか　しかも柔和で優しい

（一九四）友を愛護する者は　施与を好み　分け与える
僧侶や修道者へもつねに食べ物と飲み物にて供養する

（一九五）仏法を求める者は　問い尋ねて幾度も質問する者
持戒の多聞者を訪ねて恭敬する持聞者なのである

[第一七章]　行為（おこない）

（一九六）賢き者は頭を東に向けて眠り　長寿者は頭を南に向けて眠る
頭を西に向けて眠る者は心安らか　頭を北に向けて眠る者は死者

（一九七）東に顔を向けて食べる者は長寿者となり
南に顔を向けて食べる者は資産家となり
西に顔を向けて食べる者は有名となり
北に顔を向けて食べてはならない

（一九八）食べてから座ると肥える　食べてから立つと力が強くなる
食べてから歩くと寿命が永らえ　食べてから走ると病を避けられる

（一九九）男らしい仕事をする者は　暑さ寒さなど草ほどにも気にしない
そのような人には　幸福の衰えることがない

（二〇〇）猛毒から甘露もとれ　不浄からも金が採れる　それと同じように
低身分者から高等技術が産まれ　劣った家庭から宝の女性も生まれる

（二〇一）人は知るべきでない秘密を知っても　奴僕が自分の計画が
無になるのをおそれて無言を通すように　胸に秘めておけ

（二〇二）未知なる土地に住む賢者は　仮に火花のような侮辱の言葉でも
奴隷に対する如き脅迫に遭っても　智慧によって忍耐すべし

（二〇三）財産や穀物を売買するとき　学問を習うとき　使者の役目を果たすとき
夫婦の営みを行うとき　恥ずかしがらないほうがよい(1)

（二〇四）　人は用事があるとき他人に頼むが　仕事が済むとその人を忘れる
それで頼まれた仕事は　少し残して済ますがよい(2)

（二〇五）　利益を確保するには　敵によって敵を除去するようにせよ
足にささった棘《とげ》を手に持つ針で取り除くように

（二〇六）　帰依してくれる者には帰依し　奉仕する者には奉仕すべし
勤めてくれる者には勤めてやり　世話してくれる者には援助してやるべし
でも冷淡な者には構ってやる必要はない

（二〇七）　捨て去る者に愛着せず　捨てるがよい
愛なき者と交わるな　小鳥が果実のない枝を去り
他の小枝を捜すように　世間はおよそ　そんなもの

（二〇八）　一家のために一人を捨ててもよい

一村のために一族を捨ててもよい
一国のために一村を捨ててもよい
自分自身のためには国土を捨ててもよい(3)

（二〇九）健全な身体のためには財を捨て
生命のためなら肉体の一部を捨て
法を憶念する人は　財も身体も生命も捨てる

（二一〇）日を経て生きものたちは命《いのち》を捨てて行く
だから仏法には　放逸にならず　歩み行け

（二一一）厳しい批判に耐える人　真理の教えを理解する人
彼らの交友は衰えることなく　やがて二人は涅槃の平安に至る

（二一二）火　水　女　悪人　王様　これらに近づくには用心がいる

下手をすれば速やかに命が奪われるから[4]

（二一三）よく判定された採決でも疑ってみるべきである
大層親しくなった王でさえ警戒すべきなのだ
手に入った採決　王様　若い女には安心ということがない

（二一四）努力は敵のようだが　実は友
怠惰は友のようだが　実は敵
学術は毒のようだが　実は甘露
放逸は甘露のようだが　実は毒

（二一五）邪魔者が入ってきても　目的達成までは背負うがよい
ことが成就したときに　甕を岩石に投げつけ壊すように
邪魔者を捨てるがよい[5]

（二一六）角《つの》ある獣（牛、鹿など）からは五十肘尺《ひじしゃく》[6]　運搬獣（馬や角のない牛など）からは十
肘尺離れ
しかし実に象からは千肘尺以上離れ
信仰心のない人からは　その力の及ぶ場所を避けるがよい

（二一七）先生にはその面前で称賛し　友や親戚の者にはその背後で
使用人には仕事の現場で褒め　妻子には死後に褒めよ

（二一八）学問はゆっくり学ぶがいい　財産はゆっくり増やすがいい
登山はゆっくり登るがいい　娯楽はゆっくり楽しむがいい
怒りはゆっくり起こすがいい　この五つはあわてはいけない[7]

（二一九）百の眼　百の耳を持ち　いつも耳をそばだて
盲聾者のように黙している者こそ　指導者の資質

（二二〇）地位も名誉もない人でも皆が一緒に力を合わせると
敵に打ち勝つことができる　たとえば草で縄をつくり
その縄で象さえ捕縛することができるように⑻

（二二一）怒りがこみあげてきた時には　鋸《のこぎり》の喩《たとえ》のように考えよ
食欲がおこったときには　わが子の肉を食べる喩を念じよ

（二二二）施与は好きにさせる薬　物惜しみは嫌いにさせる薬
施与は名声をもたらす薬　物惜しみは孤独をもたらす薬⑼

（二二三）お金が欲しければ　商いをするがよい
知識を得たければ　賢者に仕えるがよい
子供が欲しければ　若い女性を娶《めと》るがよい
大臣になりたければ　統治者に仕えるがよい⑽

（二二四）　人は罪業をなしたり　福徳を積むときには　いつも思いなさい
小さな種子が多くの果実をつける広大な樹木を見るように

（二二五）　簡素な生活をする人こそ尊敬に値する
自らの貧しい条件をかえりみず　最上の自己確立を喜ぶから

（二二六）　目上の者には　へりくだってことをすると勝つ
強い者には　分裂をはかって抵抗をすると勝つ
目下の者には　僅かな贈り物をすると勝つ
力の同じ者には　根気よく続けると勝つ⑪

（二二七）　他人の欠点を知るようにつとめ　亀が手足を隠すように
自分の欠点を他人にさとられるな　他人の欠点には注意せよ⑫

［第一八章］　してはいけない行為

（二一八）朝寝　怠け　激怒　長時間の飲酒　長旅　他人の妻への奉仕
これらはたとえバラモンであっても無益にすぎない

（二一九）朝酒にふける　夜遅い街への外出　芝居見物
賭博にふける　悪友と交わる　怠惰に流れる
これら六つは財を失う原因(1)

（二二〇）今日はとても寒い　とても暑い　今は遅すぎる
そんなことを言っている若者にも　時は瞬時に過ぎ去る

（二二一）他人を傷つけようとする者は　すでに己をあやめている

建物を燃やす草が自らを焼き尽くしつつ崩壊させるように

（二三二）敵に心を許すなかれ　友達であっても交わりが過ぎてはよくない
腹を立てたときには君のあらゆる欠点を言いふらすから[2]

（二三三）悪所　悪友　悪い知人　悪親族　悪妻　悪王
これらは遠く避けたほうがよい[3]

（二三四）蟹は頭なくして行く　蛇は足なくして行く
雌鳥は乳離れしない雛を連れている
それでわかるように　いかなる他人も軽蔑してはいけない

（二三五）貧乏な子も大臣になれる　愚かだった子も賢者になれる
だから他人を軽蔑してはならない[4]

（二三六）　他人との交誼相続を望むなら　してはならないことが三つある
喧嘩すること　相手と共同経営を始めること
隠れて相手の妻に見とれること

（二三七）　世の中で借金の残り　火の残り　敵の残りは次第に大きくなる
それらを残さないようにするがよい(5)

（二三八）　由緒ある家に生まれ　家柄に誇りを抱ける者は
いかなる苦しい時でも　けっして卑しいことをしない(6)

（二三九）　穀物ある資産者も　薪や水　草　火に不足することがある
貧者はあらゆることに不足している
だから邪悪なことをしてはならない

（二四〇）　会衆の長となるなかれ　うまくいけばそれなりのことはある

もし失敗すれば　粗暴なことまで言われるであろう

（二四一）死体を焼く煙を吸い　老いたる妻を養《やしな》い朝日を浴びて温まり
毎夜　酪《らく》(7)を食べているのは　命を短めているようなもの

（二四二）女性たちと付き合い悪人たちと親しくするのは　よくない
蛇や角ある動物　大河や病気　王家の家族と交わるのも同じ

（二四三）不適当な仕事に従事し　周囲に逆らい　大衆に反感を抱かせ
多くの敵と戦うこと　放逸な女と親しくすること
これらは死への入口にあると賢者は言う

（二四四）人は女性に極端に親しみ　甘い利益をむさぼってはならない
年長者を尊び敬い　師を幻術で欺いてはならない

（二四五）勇士は武器を持たず戦場に行ってはならない
学者は模範書を持たず語ってはならない
商人は仲間を離れ一人で出かけてはならない
旅人は友達を離れ一人で行ってはならない(8)

（二四六）「下さい」という言葉のため身体に住みついた五つの神々は去る
それらは　定《じょう》　名声　智慧　慚愧《ざんき》　吉祥《きちじょう》

（二四七）依頼を拒否するは苦痛　依頼することも苦痛　どのような事態であっても
「私は欲しい（とか）かくあれ（与えよ）」と言うものではない(9)

（二四八）知らない人々の前に出た時には　自分の出自によっても
あるいは教養によっても　自分自身を自慢してはならない

［第一九章］　知るべきこと

（二四九）母の言葉が悪ければ　子供の言葉は悪くなる
父の行為が悪ければ　子供の行為も悪くなる
母の言葉も父の行為も悪ければ　子供の言葉と行為は悪くなる[1]

（二五〇）母の言葉が美しければ　子供の言葉は美しくなる
父の行為が美しければ　子供の行為も美しくなる
母の言葉も父の行為も両方美しければ
子供の言葉も行為も両方美しくなる[2]

（二五一）背丈の高い者は大愚者　背丈中くらいの者は賢い
ヴァースデーヴァ（世天）[3]を先として

あらゆるこびとは詐欺師

（二五二）行動によって種族が明らかになる　言葉によって土地柄がわかる
愛情によって人柄がわかる　食べ物によって身体状況がわかる

（二五三）睡蓮の茎の濡れ跡を見れば水の深さがわかる　態度を見れば家柄がわかる
言説を聴けば聡明さがわかる　枯れ草を見れば土地の肥痩がわかる(4)

（二五四）速く走ることで馬の良さがわかる　重荷の運搬で牛の良さがわかる
乳の出具合で乳牛の良さがわかる　話の内容で賢者の良さがわかる(5)

（二五五）働きぶりを見れば働く者の良さがわかる
困ったときに兄弟親類の良さがわかる
貧しくなったときに友達の良さがわかる
家の貯《たくわ》えがなくなったときに女房の良さがわかる(6)

（二五六）どのような占星術師も書籍なしには時刻を知らない
しかし鶏は時刻を知っている　さらに樹木も
土壌や水のありかを知っている

[第二〇章]　荘《しょう》厳《ごん》

（二五七）大地の飾りは須弥山《しゅみせん》(1)　夜の飾りはお月さま
人民の飾りは王様　軍隊の飾りは象

（二五八）戒（よい習慣）ある行為は美しきもの　行ないにより家柄は輝く
花あることで林住処は輝き　軍隊は象軍により輝く

（二五九）ホトトギスの美しさは鳴き声　夫人の美しさは夫への献身
不器量者の美しさは技芸　僧侶の美しさは我慢強さ(2)

（二六〇）　痩せた身は苦行者の魅力　四足獣の魅力は肥えていること
男性の魅力は学識　女性の魅力は夫あること(3)

（二六一）　月の出ない夜は寂しい　波の立たない海は寂しい
白鳥の飛ばない湖は寂しい　夫のいない女は寂しい(4)

（二六二）　衣装なしでは装飾ができない　夫なしでは女性はやっていけず
技能なしでは男性はやっていけない　牝牛の乳を欠いてはご馳走ができない

（二六三）　月は洲の灯火　妻は夫の灯火
法は三界の灯火　子供は家の灯火

（二六四）　子供のいない家は寂しい　主君のいない国は危ない
智慧のない人は言葉に乏しく　貧者にはすべてが侘しい(5)

（二六五）耳は耳輪によって輝くのではなく　聴聞により輝く
手は腕輪によって輝くのではなく　布施により輝く

［第二一章］　王　法

（二六六）布施　戒　遍捨　実直　柔和　鍛錬　無忿　不殺生　忍耐　無違反
これら十の王の王法(1)　王たるものは不放逸にして保持すべきである

（二六七）布施　愛語　利行　同事　これら四摂事《しょうじ》を(2)
大聖釈尊は明示している

（二六八）森林の鹿は恐怖から休息の眠りを取らず　王もまた外からの
より強力な勢力を恐れて睡眠の楽しみが得られない
賢者は輪廻への恐怖から楽しまない

（二六九）　忍耐　覚醒　努力　分配　慈悲心　先見の明
それらは指導者の徳　利を希う人の求むべきこと(3)

（二七〇）　軽蔑は抑圧を引き起こす　厳格さは敵をつくる
これら両者を知り　その中道を実践すべし

（二七一）　温和さのみでも　厳格さのみでも　真に自身を高めることはできない
人はその両者を持って歩むべきだ

（二七二）　農民　商人　大臣　知識と戒をそなえた僧
彼らが多くなると　国も繁栄するであろう

（二七三）　これらの人が不足していくなら国は傾く
それで為政者は自国を広大な王国にするよう努めねばならない

（二七四）甘い果実をつける大木からまだ熟さぬ果実をもぎ取る人は
その果実を味わえないのみならず
その果実の種子をも失ってしまう

（二七五）王国を非法により支配する王は　大樹の喩えのように
その果実の甘さを味わえないのみならず王国を滅亡に導く

（二七六）大樹の熟した実を取り甘い果実を食する王には
樹の実も種も滅ぶことはない

（二七七）王国を法によって導く王は　大樹の喩えのように
その果実を味わい　しかも王国は滅びない

（二七八）王国を非法によって支配する王は
あらゆる薬草に用はなく　捨て去る

（二七九）　町人や商売人をいじめる王は
　　　　　　王国の財を失う苦を招く

（二八〇）　最善の戦場を選ぶことを知る大臣や戦士を圧迫する王は
　　　　　　自分の軍隊を失う苦を招く

（二八一）　義務に反する行為をなし　宗教儀礼（礼拝）に出席し修行する僧侶を
　　　　　　圧迫する王子は天界を失う苦をまねく

（二八二）　まっすぐ直行　あるいは曲がりくねったりする大河は
　　　　　　おのずからそうなるので　他のものによるのではない
　　　　　　一国の繁栄と災難も支配する王子その人の領域における
　　　　　　唯一の覇権によりもたらされる

（二八三）　息子が悪事を犯したら　母親がしたのと同じ

学生が悪事を犯したら　先生がしたのと同じ
国民が悪事を犯したら　国王がしたのと同じ
国王が悪事を犯したら　王師がしたのと同じ(4)

（二八四）善行も悪行もすべて六倍の配分領域を持っている
その六分の一が王の配分
したがって王は王国民の悪行を抑え　やめさせねばならず
道徳的行為を増加させるよう教化しなければならない

（二八五）愚者の命は軽小で　賢者の命はより多大
人の命は王の手中にある　王の命が王法にあるように

（二八六）指導者がいなければ（国民は）滅亡する
指導者が多すぎても滅亡する
女性の指導者たちでも滅亡する

若者の指導者たちでも滅亡する

（二八七）亀や魚や鶏　そして乳牛も
人が王により生存を保障されているように
王により飼われているのである

［第二二章］　侍従(1)

（二八八）王家に入れたとて繁栄がもたらされるのではない
勇気を欠いたり義務を怠ったりせぬよう
常に注意しなければならないことなのだから

（二八九）戒・智慧・清浄をそなえたお方に出逢ったならば
その人を信頼して隠しごとをすべきではない

（二九〇）昼間も夜も王様に委任された仕事に励む賢者は
動揺することなく王宮に住むべきだ

（二九一）人民は国王と同じ服装をしてはならない
花や香による化粧・行儀や口調も国王と同様な真似をしてはならない(2)

（二九二）王が大臣や官女にかこまれ遊戯に戯れ言を交わしていても
大臣がもし賢者なら王妃と戯れたりすべきではない

（二九三）落ち着き集中心あり慎重に感官を制御した思慮深い
決断力のあるお方　そのお方こそ王宮に住むべきだ

（二九四）官女と戯れたり密室に行き蜜語したりするなかれ
蔵から財宝を取らない　そのような者こそ王宮の住人

（二九五）睡眠にふけらず　酔酒を飲まず　森の獣を殺さない
そのような人こそ王宮に住むべきなのだ

（二九六）自分は尊重されていると思い　王の椅子や寝台　草座や
御座船　戦車に乗るなかれ　王宮に住しているべきなのだ

（二九七）国王に対しては　離れすぎず　近すぎず　風上で　真正面で
仕えてはならない　落ち着き注意し慎重に奉仕すべきなのだ(3)

（二九八）国王は私たちの友人ではない　国王は私たちと身分が違う
国王は急に怒る　眼を鋭いもので突き刺されたかのように(4)

（二九九）自分が尊重されていると思い　集会中の王に向かい
智慧ある賢者は　はげしく論駁すべきではない

（三〇〇）門衛は門衛だからとて　気安く王の居所に入ってはならない
火に対するように注意せよ　その人こそ王宮の住人たりえる

（三〇一）王子その息子や兄弟に　町や村　国土を配分したなら
黙って観察し　良し悪しを決して言わないように

（三〇二）象兵　騎馬兵　車兵　歩兵　王は彼らの挙動によって
賃金を増額する　それ以外には王宮の従者には方法がない

（三〇三）弓のように細い胃を持つ者であれ　竹のように震え
逆らわない者　その者は王宮の従者に相応《ふさわ》しい

（三〇四）竹のように細い胃袋のもので　舌のない魚のように黙る
賢者や勇者は　王宮の従者にふさわしい

（三〇五）力の衰えをわかっているのに　女の許へしばしば通い
激しくせまれば　咳や喘息　苦悩のために　慧力も失う

（三〇六）人は度を過ぎて語ってはならない　でもいつまでも沈黙しているな
ほどよい節度ある言葉を　得られた正しい機会に語るがよい(5)

（三〇七）怒らず　嘲らず　中傷せず　綺語を発せず　真実語　温和な語を話す
その者は　王者の住居に住むにふさわしい

（三〇八）父母を養育する者　家の最長老を尊敬する者
慙愧の心をそなえた者　その人こそ王宮の住者にふさわしい

（三〇九）研修者　職人　調御（する）者　調御された者　規則正しき（決められた）者
柔和者　不放逸者　清浄者　有能者　そういう者こそ王宮住者にふさわしい

（三一〇）　従順なる者　年長者　畏敬ある者　尊敬心篤き者　柔和な者　共住楽者
そのような者こそ王宮に住むにふさわしい

（三一一）　スパイと思われる人に対しては遠く離れて避けなさい
親しき王にのみ親近し他の王に対して親しくするなかれ

（三一二）　人は　沙門やバラモン⑥　持戒の多聞を恭しく尊敬して仕え
食事や飲み物を奉って喜ばすべし
近くにて質問して尋ね　自らの願いを増長すべきである

（三一三）　沙門やバラモンへのいつもの托鉢食を捨てることなかれ
如何なる施食のときも乞食者の施食をやめさせてはならない

（三一四）　智慧あり求道心あり儀式次第の熟知者　集会の時節や宗義を知る者
その人は王宮の従者にふさわしい

（三一五）義務に奮起する者　不放逸にして明察ある者　よく整えられた作業を為す者
その者は王宮の従者にふさわしい

（三一六）脱穀小屋や家畜のところ　田畑へはしばしば行くべし
穀物をはかり　家に持ち帰り貯蔵し　適量の穀物を煮るべし

（三一七）よい習慣を身につけず無関心な息子や兄弟で　思慮のない者は
愚者であり　餓鬼(7)たちのように衣服や食べ物　休息所も得られない

（三一八）善くしつけられ落ち着きある奴僕　有能で勤勉な雑役夫や被扶養者
彼らこそ権威をもって任命し　王宮に定置すべきである

（三一九）戒を厳守し　貪りの心なく　王に隠しごとなく
明らかな利益のために尽力する　その者は王宮に住むにふさわしい

（三一〇）王の 志《こころざし》を知り　王への忠誠心が定まり疑念なき生活習慣のある者
その者は王宮に住むにふさわしい

（三一一）王の塗身したり沐浴するとき　あるいは足を洗ったり
自分が頭を下げているときに　打たれても怒ってはならぬ
それができる者こそ王宮に住むべし

（三一二）人は水甕とバルナ神[8]に　合掌し右繞して敬意を示すべし
誰があらゆる歓楽の施者であり　最上の賢者であろうか

（三一三）寝床　衣装　車両　住居の家宅を授けてくれる者
その人はパジュンナ（雨雲神）[9]のように生類すべてに富を降り注ぐ

［第二三章］　二法偈など混合法品[1]

（三二四）財のない人にとっても　権威がない人にとっても　むやみな怒りは
欲楽に刈り取られて　肉体は尽き果て　遺骸に残る二対の鋭い棘《とげ》のようなもの

（三二五）財もないのに　美食を好む人　力がないのに　喧嘩を好む人
無学なのに　論争を好む人　これら三者は卑しい人の下品な相[2]

（三二六）地上における三種の甘いもの　糖薯　女性　甘言
糖薯と女性は甘い　しかし甘言は人を満足させない

（三二七）この世において愛護される三種の宝
それらは技能　穀物　友情

（三二八）友達をはなれ独りで旅に出かけようとする者
仲間を離れ独りで嶮路に出かけようとする者
武器を持たずに戦いに出かけようとする者
書物を持たずに語ろうとする者　これら四者は愚者のすること(3)

（三二九）極貧者　重病人　身体障害者　多額の借金者　王の侍従
それら五種の者は　生きていても死者と同じとビャーサ先生(4)は説く

（三三〇）眼など六器官を調御した智慧ある六種類の人がいる
同様に戒を守る人と守れない人がいる

（三三一）睡眠ボケの人　放逸なる人　遊び人　病人　決断力に欠ける人
楽をしたがる人　典籍によればこれら六種は避けるべき人(5)

（三三二）家系よき人　知慧者　決断者　慚愧者　謙虚者　持聞者

道理を好む人　調御者　典籍による八種の人と交友を結ぶべし

（三三三）家系よき人　智慧者　決断者　福徳者　勇士　持戒者　博識者
出定者　善趣に向かう者　これら九種が最勝者と呼ばれる

（三三四）ブッダ　辟支仏《びゃくしぶつ》(6)　阿羅漢(7)　最勝の仏弟子　父　母　師　教主
施与者　説教者　この十種の賢者は無罪者と知るべきである

［第二四章］　雑　品

（三三五）正法　利益　愛欲　解脱　それらは生命の因となるもの
いのちを破壊する者は　何でも壊さないものはなく
いのちを守護する者は　何でも守護しないものはない

（三三六）善人の長寿はあらゆる生き物にとって楽しみの因《もと》
でも悪人のそれは苦しみの因であるのも疑いがない

（三三七）甘藷は圧縮機で絞られても甘みを捨てない
戦場を行進する象は敵に対しても勇気を捨てない
栴檀の樹は枯れても香りを捨てない(1)

（三三八）樹芯は香を放たず　賢者は苦の超越者である
法を億念している者の誰がその幸せを口にするであろうか

（三三九）人々は自分の親族であるか自分の敵である　したがっていつも
自分は人々の親族であるか人々の敵なのである

（三四〇）自分を捨てることにより善人は依存者を守護する
それは導きとなる母親の意思見解によるのではない

（三四一）賢者は典籍や詩偈の考察で時を過ごし
俗人は他人を中傷し喧嘩や争論　睡眠で時を費やす

（三四二）蜂は花が好き　善い人は徳行が好き
蝿は腐物が好き　悪い人は人を恨むのが好き(2)

（三四三）果実の実った樹　学問ある人は　腰を曲げる
枯れ木や愚か者は　礼もしないで破綻する

（三四四）寂静者が若し争論したとしても　その論争は直ぐに止み　もとに戻る
新瓶が壊れてもとに戻らないような愚者たちの友情とは帰結が異なる

（三四五）よい人の財はわずかでも　井戸水のように人々のためになる
悪い人の財はいくら積み上げても海水のように人々のためにならない(3)

（三四六）一千もの憂い　一百もの恐れに　日々愚者は思い悩む
賢者は　それらに近づかず　左右されない

（三四七）怨恨もてる邪悪な人の性格は　岩に刻んだ文字のよう
善人のそれは　水に描かれた文字のようなもの

（三四八）眠気ある者　満足を知らない者　自分に自信のない者　恩知らず
これら四者はいつまで経っても正しい儀礼を身につけられない

（三四九）愚者は善人と交わることにより善人となる
善人たちは愚者と交わっても愚者とならない
花は大地のにおいを保たず　花から発した香りを保つ

（三五〇）他人と争うことになると　富のような徳を壊す
少しの欠点でさえ富をひけらかすように吹聴されるから

（三五一）　人は他人の欠点を　ゴマ粒ほどの大きさでも見つけるが
自身については　椰子の実ほどの欠点でさえ見えない(4)

（三五二）　怒れる者は自らの意義を知らず己の義務を知らない
怒りは人を極度の盲目（暗愚）にする

（三五三）　内心に怒りを生じた人は　怒りのために完璧に破滅する
衣服や装飾品の入った宝箱に火がついたようなもの

（三五四）　貪欲は心に刺さった棘　徳の富を盗む者
月蝕はお月さまの技　火は苦行のための林

（三五五）　王はどれほど財を積んでも満足しない
賢者は自分がどんなによい話をしても満足しない
眼はどんなに愛らしいものを見ても満足しない

海はどんなに水が流れ込んでも満杯にならない⑸

（三五六）満足しない僧はだめになる
満足する王はだめになる
恥ずかしがる遊女はだめになる
恥ずかしがらない娘はだめになる⑹

（三五七）王　海　火　女　美術家　そして強欲なる者
彼らの願望は何人によっても歓待されるべきものではない

（三五八）病気がないのは最上の得物　満足は最上の財産
信頼は最上の親戚　涅槃は最高の幸福⑺

（三五九）福よ貧乏人のところへ行け　金持ちは利により利を得て満たされている
雨雲よ　乾いた陸地に雨を降らすけれども

海には水が満たされているではないか[8]

（三六〇）　乞食は「下さい」と言って乞いはしない
彼らは食べ物の授からない事情を見せるのみで
貴方には「たやすいこと」と知らせるのみ

（三六一）　山々にエメラルドがあるとは限らない
象に真珠があるとは限らない
いかなる森にも栴檀が生えているとは限らない
あらゆる所に賢者がいるとは限らない[9]

（三六二）　勇者は百人のうち一人　賢者は千人に一人　雄弁家は十万人に一人
己を施す者はこの世にいるかどうかわからない

（三六三）　勇士は勝利して帰った家で　財物は家に届いてから

食べ物は消化してから　妻は老年になってから安心せよ⑽

（三六四）書物に記された学問と他人の手にある財産は
いざというとき役に立たない　それは紙上のもの
他人のものにすぎないから⑾

（三六五）王者の恵みは一語　比丘の恵みは真理の言葉
長者の恵みは財産　貧者の頼りは牡牛⑿

（三六六）戦場では勇士が望まれ　混乱時には雄弁者が望まれる
宴会には親しい人が望まれ　意義ある仕事には賢者が望まれる⒀

（三六七）貧困な時には友人を大切にせよ　飢饉には穀物を堅持し
集会所には職人を保持せよ　大地にあってはこれらが大切

（三六八）　飢饉に食物を与え　豊年に金貨を与えるのはよい
恐れおののく者を保護するのは　すべてに勝る徳である

（三六九）　烏の群れに白鳥が混じっていると　変に見られる
牛の群れに獅子が混じっていると　変に見られる
驢馬の群れに馬が混じっていると　変に見られる
愚者の中に賢者が混じっていると　変に見られる⑭

（三七〇）　征服すべきでない国に打ち勝つのは王のすることではない
友人を打ち負かすのは真の友人ではない
主人を脅かすのは真の妻ではない
老いた親を養わないのは真の息子ではない

（三七一）　学問に等しい友はない　病気に等しい敵はない
自愛に等しい愛はない　業の果報ほど強いものは他にない⑮

（三七二）
女性に近づき過ぎる僧侶に　どうして戒律が守れよう
肉食する人に　どうして慈悲心があろう
酒飲みに　どうして正しい言葉が伝えられよう
怒りっぽい人に　どうして苦行ができよう⒃

（三七三）
力ある人には荷物がどうして重荷になろうか
遠くても運べる人には遠路にならない
智慧のある人にはどこが異国になろうか
言葉の上手な人には異国はなく誰が他人であろうか

（三七四）
農耕者に飢饉はなく　善人に悪いところはない
口をきけぬ者に口論はなく　目覚めた者に恐怖はない

（三七五）
愚女　蝿の嘴　仙人の水瓶　雲の流れ　びんろう樹
それらは不浄として拒否されることなく有益とされる

（三七六）　優れた楽士も楽器から五日間離れるとだめになる
優れた弓術師も弓から七日間離れるとだめになる
優れた女房も亭主から一か月離れるとだめになる
優れた弟子も師から半月離れるとだめになる(17)

（三七七）　悪い行ないは女性にとっての汚れ　けちは施主の垢
悪行箱の世にあってもあの世にあっても汚れ
無明はこれらよりさらにひどく最高の汚れなり

（三七八）　博学（知識）の維持には常に励むこと　良家の作法は人の明知
王の不放逸と財産の貯め置き　だが女は決して遵守しない

（三七九）　老いはすべての生き物を殺し　渇愛はすべての幸福を破壊し
すべての汚れが思想を破壊し　同情は己の財を破滅させる

（三八〇）低処に住む者は吉祥を傷め　乞食者は師を失い
称賛はよき徳を傷め　抑制なき者は心を滅亡させる

（三八一）下層者にとっては生活できないのが恐怖
中層者にとっては死がやってくるのが恐怖
上層者すべてにとって軽蔑されるのが恐怖

（三八二）太陽は暑く熱を持つが　取り巻きの仲間がいない
月は冷たく涼しいが　星が生まれ仲間がいる
太陽と月との王者関係については　この比喩を知るべし(18)

（三八三）怠惰なる者は智に疎い　歓楽にふける者は病いに悩まされる
睡眠にふける者は身体肥満となり　無気力となる

（三八四）放逸は驕慢《おごり》から生じる　放逸の滅尽が怒りの滅を増大する

賢者は　どうして驕慢を捨てられないのだろうか

(三八五)ある種の種を撒けばいかに少しの種でもそれなりの実をつける
善行を為せば善果が実り　悪行を為せば悪果をもたらす

(三八六)福徳と悪徳との果報を　もし信じられないのなら　実際さっそく
鏡の面に自分の顔を照らしてみてはいかがでしょうか

(三八七)来世の果報を　信じられない人は　梵天界への途中の家で
解脱への夢でも見られると思っているのだろうか

(三八八)信心　恥　愧　多聞博識　精進　念　智慧　それらに
七清浄の法を完全にそなえたる人は　解脱者・阿羅漢とみなされる(19)

(三八九)日曜日は根　月曜日は幹　火曜日と土曜日は葉　水曜日は花

木曜日は種　金曜日は実から[20]

（三九〇）経巻の書冊を田畑に　筆記具を鋤や軛《くびき》とし　不滅の文字を種子として
行者は修行を積み上げ　賢者となる

（三九一）一つずつ各々の文字は　ブッダのイメージで
男子たる賢者は　三蔵を書き写す[21]

（三九二）三蔵を書写する者は　地獄に落ちることはない
幾度も幾度も　四洲の転輪聖王[22]として君臨する

（三九三）三蔵書写に尽力するなら　数限りなき　広大な国土の君主
六欲天[23]の天神として　幾度も君臨する

（三九四）布施行と福徳を積みつつ　求道心ある菩薩は

身体健全にて　三界において祝福尊敬されている

（三九五）裕福で財もあり高貴な家に生まれ　自由な身となり
三蔵を教える人は　最上の人と交際するがよい

（三九六）一つの文字の果実によって　三蔵を書写する作者は
実に八万四千の最勝なる幸福が得られる

（三九七）賢者は持ち来たった明察により自己を確立させ
小さな火を吹き消すが如く　その芯を吹き消す

（三九八）悪人の苦しみと痛み　善人の積む福徳と安楽　それ相応の混ざり合い
それらはすべて同じ　各人の業による結果と知るべきである

（三九九）勧告者は四分の一　作業者は三分の一

主人は二分の一　賛同者は十分の一[24]

（四〇〇）無益な話より沈黙がよい　悪友よりは独りがよい
色よい妻より愚妻がよい　遠くの利益より今ある幸せ

（四〇一）たとえ家柄は低くても　求道の心で常に戒を守り
奮起勉励する修行者は　徳満ち　暗夜に火の如く輝く

（四〇二）生まれによる賤民という者は存在しない
生まれによるバラモンという者も存在しない
行為により賤民があり　行為によりバラモンがあるのみ

（四〇三）大地は竹の葉のよう　鉄囲山[25]は針の山のよう
須弥山[26]は小さな蟻塚のよう　大海は茶碗のよう

（四〇四）母親の乳を集めようとすれば　一劫[27]かかっても集めきれない
大海にはそれ以上の水がある

（四〇五）両親は最初の先生でありバラモンであると言われる
子供たちにより供養され同情憐哀されるべきお方でもある[28]

（四〇六）それゆえ両親を恭敬しなさい　食べ物　飲み物　衣服
寝具などにより　賢者は両親を大切にしなさい

（四〇七）身体をもみ　身の周りの世話をし　沐浴《もくよく》に仕え　この世にては称賛し
来世にても喜ばせ　満足させるよう　賢者に勧める

（四〇八）ひとりの人の一劫[29]の間に繰り返される遺骨の集積《あつまり》は
一つの山脈に等しい　大聖ブッダはそう言われた

（四〇九）すべての布施のなかで　法施が勝る
すべての味のなかで　法味が勝る
すべての楽しみのなかで　法楽が勝る
すべての苦しみのなかで　渇愛の滅尽が勝る[30]

（四一〇）つねに不放逸なれ　自らの心を守護せよ
泥池に沈んだ象が自らを引き出すように
諸々の苦より抜き出せ

（四一一）悪い人と親しまず　善い人と親しむがよい
日々に善行をなし　物事すべてが無常であることを
常に忘れてはならない[31]

（四一二）世のすべてのことは無常であり　生起衰滅がきまり
起こっては滅する　これらの寂滅こそが安楽なのだ

（四一三）　法と非法とを為す両者が同じ果報を招くのではない
悪を為し　非法を為す者は地獄へ
法を行なう者は善趣（処）に導かれる

（四一四）　頭を冷静にし　足で立ち固定し　その間も等しくし
同じ心において　三蔵を書写すべきである

『ダンマ・ニーティ（さとりへの導き）』註記

（1）ミャンマー（ビルマ）の仏教関係の書籍には巻頭に、まずブッダ（釈尊）への礼拝文である『namo《ナモー》 tassa《タッサ》 bhagavato《バガヴァトー》 arahato《アラハトー》 sammasambuddhassa《サンマーサンブッダッサ》』[1]（「私は、阿羅漢《あらかん》であり、正自覚者であるかの世尊を礼拝し帰依いたします」という意味）の帰敬偈が、南方上座仏教徒の伝持してきた経典用語のパーリ語で掲げられる。それに倣《なら》って訳文を掲げた。

序　章

（1）第一偈における「三宝」とは、教主である仏（ブッダ）と、その教えである法（ダンマ）と、それを奉じる人々の集まりである僧団（サンガ）、の三者を宝にたとえたもの。釈尊は、この仏と法と僧の三宝に帰依することで「仏教徒つまり仏教信者になることができる」と宣言されたと言われており、特に南方上座仏教徒はそう確信して、まず第一に三宝を心をこめて礼拝するのである。

（2）序章三偈の「奴僕《ぬぼく》」とは、原文は「dāsa（パ）」で、「奴隷」「下僕《げぼく》」とも訳されるが、パガン王朝時代以降、パゴダ（仏塔）や窟院（僧院）などに檀信徒により功徳を積むため寄進奉納された仏塔奉仕者のことで、ビルマでは「パヤ・チュン（三宝奴隷・仏塔奴隷）（ビ）」と呼ばれ、もっぱら仏塔や僧院の維持・修理・清掃など雑用に従事した。その起源は（「浄人」として）釈尊在世時代にまでさかのぼることができる（詳細は『アジア仏教史インド編Ⅳ・東南アジアの仏教』佼成出版社、昭和四十八年刊、一三八頁など参照）。

また、パガン時代におけるパヤ・チュンの寄進とは逆に後世には、奴婢・奴隷の贖身（金銭や土地を与えて自由の身として解放し、功徳を積むこと）するようになり、碑文にも見られることが紹介されている（大野徹著『謎の仏教王国パガン─碑文の秘めるビルマ千年史─』ＮＨＫブックス、二〇〇二年刊、一六〇頁参照）。

（3）「侍従《じじゅう》」とは、わが国では宮内庁の職員を言うが、ミャンマーでは王朝成立以降、王都パガンの王宮に許されて奉仕する者を指し、その職務内容や心得などに関しては、本書『ダンマニーティ』第二二章（二八八偈～三二三偈参照）に記されているように、かなり緊張した日常生活を強いられていたようである。なお、ミャンマーは、一九四八年に英領植民地から共和制連邦国家として独立を達成したので、現在では実務上の王宮は存在しない。

第一章　師

（1）第一章の主題である「師」とは、学問、芸術、武芸などを教える「先生」を指すが、四偈では、それら各々の師匠について、学ぼうと志す人、出家を願う少年も含め、すべての青少年に学びである学習への意欲奮起を呼び起こし、努力精進を期待している。

（2）七偈の「親教師《しんきょうし》」とは、アーチャリヤ（パ）「和尚《おしょう》」とも訳される語であり、南方上座仏教では出家を望む少年・沙弥にとっては、「親教師ウパゼ・サヤー（ビ）」となり、僧院生活の間、戒律を守ることの大切さの意味をはじめ、すべてにわたり指導して下さる年長者の比丘（具足戒を受けた師僧）あるいは長老僧が、僧院内に起居していなければならない。

したがって、沙弥（少年僧）となるためには「両親の許可」、および「親教師」すなわち「和尚」になって指導してくれる比丘あるいは長老僧の承諾がなければ、出家得度はできないこと（戒律の規定による）になっている。

（3）一〇偈は、『ローカ・ニーティ（処世訓）』八偈と同じ偈文である。

（4）一一偈の「ブッダ（勝者）」としたのは、原詩が「jinassa（パ）」で、ブッダを指すため。『ローカ・ニーティ（処世訓）』五〇偈に同じ意趣の偈があげられており、そこでは、「ジナ〈勝者・自らのすべての煩悩に打ち勝った人〉の意味で使われ、「ブッダ」（buddhassa）

となっている。

（5）一二偈は、『ローカ・ニーティ』一四七偈に意趣相当の偈文が見られる。「塔の石傘は重い、天のお告げはそれより重い、先生や両親の教えはさらに重い、ブッダの教えはなおさらに重い」。

（6）「軽薄な人」と表題がつけられ、『ローカ・ニーティ（処世訓）』一四六偈、および『マハーラハ・ニーティ』一四偈にも同じ意味の偈があげられている。

第二章　学術

（1）第二章の表題のパーリ語はsippamで、「技術・技芸・技能　職技」などをも意味する。なお、この章最初の一四・一五の二偈は、『ローカ・ニーティ（処世訓）』一〇・一一偈に原書のパーリ語彙もほぼ同じだが、『ローカ・ニーティ』では、その内容をまとめて最後に「これらが十八科目の学問である」としている。

（2）また、そこでは最初が「天啓書学」となっているが、『ダンマ・ニーティ』では天啓書に伝聞書も加えて「天啓・伝聞書学」となっている。

（3）ただし、学問、あるいは学科名としても、古い時代からの伝承を受け継いできているのであり、広大なインドや東南アジア各地からの影響を背景にしていたことを考慮すれば、ミャンマーにあっても、時代と場所により学科名や技術名も時代や場所により変遷していたであろうことは、他資料からも容易に推測されることである。ここでは章名を広くとって「学術」としたことをお断りしておきたい。

（4）一六偈は、「精進の勧め」と題された『ローカ・ニーティ』三偈に同じ。なお、拙著・光華女子大学真宗文化研究所、光華叢書④『ローカ・ニーティ』講話、一三頁参照。

（5）一七偈は、「技術は宝物」と表題された『ローカ・ニーティ（処世訓）』四偈に同じ。

（6）一九偈は、原文パーリ語句は異なるところもあるが、「日々に励め」と題した『ローカ・ニーティ』一七偈に同趣旨。

（7）二〇偈は、『ローカ・ニーティ』のパーリ語詩の原文も含め、三六偈に同じ。キンスカ花は、「ハナモツヤクノキ」。濃紅と淡紅とのツートン・カラーの花。なお、『大唐西域記』にも出てくる「無憂樹の花」とも名付けられる花でもあるとのことで、長阿含経には、釈迦が臨終の折、弟子阿難に、梅檀の外棺におさめ、梅檀その他の香木を薪とせよと遺言したといわれている（満久崇麿著『仏典の植物』八坂書房、一九九五年刊参照）。

（8）二一偈は、原詩の語句は一部異なるも、意趣は『ローカ・ニーティ』一八偈に同じ。

（9）二二偈の「迦留羅（かるら）」はインド伝説上の巨鳥で、美麗な、あるいは黄金の翼を持ち、「金翅鳥《こんじちょう》」とも呼ばれると辞書にも記されているが他にもパーリ語でsupaṇṇa（金翅鳥）があり、高所に見られる巨鳥が必ずしも金翅鳥とは限らないという意を暗示している。

（10）二六偈は、「学問探究は人間のみ」と題した『ローカ・ニーティ（処世訓）』二二偈に同じ。

（11）唖者とは生まれつき口のきけない人のことで、二七偈は「目的を一つに」と題した『ローカ・ニーティ（処世訓）』三八偈に同じ（北九州市『世界平和パゴダ発行版』、二五頁参照）。

（12）『ローカ・ニーティ』二十八偈に言及されるように、人は多くのことに気を散らし過ぎることなく目的に向いて集中しなければ、何事も成就しないことを学ばなければならないことを教えている。

第三章　智　慧

（1）二八偈は、『テーラガーター』（中村元訳『仏弟子の告白』）、一四一偈に同じ詩偈。『ローカ・ニーティ』二二偈、『マハーラハ・ニーティ』六三偈にも、同意趣の偈がある。

（2）二九偈は、『ローカ・ニーティ』一四二偈に同じ。

（3）三〇偈の「放逸」とは、勝手気ままで、なまけて怠惰で、心が散漫となり、正道からそれてわがままにふるまうこと。

（4）「随眠」は仏教で「ずいめん」とも読み、「内心に潜む悪に傾こうとする力」を意味し、広く煩悩《ぼんのう》一般を表す。

（5）三二偈の「慚《ざん》」とは、自らをかえりみて自らのつくった罪を恥じる心をいう。

（6）「愧《き》」は、罪を怖れる心、または自らのつくった罪を他に対して恥じる心で、慚は人に対して恥じ、愧は天に対して恥じる心ともいう。あわせて「慚愧」。なおこの偈は、三八八偈に繰り返し説かれている。

（7）「七法を具備する者」とは、パーリ仏教の四念処観を修した者の「七覚支の修道」を前提にしており、その法を智慧によって選びとり、精進努力して心を統一、平等に観察することで、そのことから、証智、等覚、涅槃に導くのを目的とするものである。

（8）三三偈、語句は少しく異なるが、意趣は『ローカ・ニーティ』二九偈に同じ。

（9）三五偈は、『ローカ・ニーティ』七七偈、および『マハーラハ・ニーティ』一六偈に同じ。

（10）「劫」は梵語「カルパ　ｋａｌｐａ」の音（写）で「きわめて長い時間」のこと。兆歳永劫などという。芥子劫は、四方上下、一由旬の鉄城に満たした芥子粒を百年に一粒ずつ取り出し、すべてなくなっても、一劫は終わらない、という。その永さを、雑阿含経・三十四では磐石却・芥子却の比喩であらわしている（中村元監修『新・佛教辞典』誠信書房、昭和三七年刊、一五五頁）。

（11）四五偈の「鑚木《さんき》」とは「きりもみして火を発出させる木」のこと。それと多羅椰子樹の葉の扇があれば、風がないから火が起こせないとは言えない、河岸に在る井戸に水がないからとは言えないように、賢者であれば、発言できないなどということは、ありえない、という意味である。

（12）四六偈は、『ローカ・ニーティ』一二偈にも記載されている偈文と同じ。

（13）四九偈は、『テーラガーター』中村元訳『仏弟子の告白』五〇〇偈に同じ（岩波文庫、一一四頁参照）。

（14）五五偈は、「黙して語らず」として『ローカ・ニーティ』二八偈に、「財を失ったこと、悩みごと、騙されたこと、家庭の中のいざこざについて、賢者は誰にも話さない」と同意趣の詩偈が見られる。

第四章　聴聞

（1）六一偈は、『ダンマパダ（法句経）』中に、「学ぶことの少ない人は、牛のように老いる。

彼の肉は増えるが、彼の智慧は増えない」（中村元訳『ブッダの心理のことば・感興のことば』岩波文庫、三一頁）とした、これに相当する偈がある。

（2）『ローカ・ニーティ（処世訓）』一五偈に同じ。

第五章　説　話

（1）六四偈は、『スッタニパータ（経集）』四五〇偈に由来する。「善い人々は最上の善い説を説く」として説かれたものである（中村元訳『ブッダのことば』岩波文庫、七七〜八頁参照）。

（2）六八偈は、『ローカ・ニーティ（処世訓）』四八偈に同じ。

（3）六九偈は、『ローカ・ニーティ（処世訓）』九三偈に同じ。

（4）七二偈は、『ダンマ・ニーティ』三〇六偈に類似した偈があげられているので参照のこと。

第六章　財

（1）七五偈の「愧《き》」は、本書『ダンマ・ニーティ』第三章、智慧、三一偈の註記（6）参照。なお、ここでは原始仏教で説かれる「信・戒・聞・捨・慧」の五財、および「慚・愧」を加え「七法」が、「財」としてあげられている。

（2）『ローカ・ニーティ（処世訓）』九五偈にも「女性の財は美貌」「僧侶の財は戒律」としているが、「男性の財は学識」で、「家系」とはしていない。また次の『ダンマ・ニーティ』七七偈中に「不幸になったとき家系は何の役にも立たない」としているのみならず、女性の財とした「美貌」、王の財とする「武力」、そして「智慧」も不幸の際には何の役にも立たない、という。

（3）七八偈は、『ローカ・ニーティ（処世訓）』八一偈にも語彙、語順に相違はあるが意味するところは同じ詩偈が見られ、そこでは「富は友」としているが、それも「無常」の掟《おきて》を免れる術《すべ》はないのであり、有為（転変）の法《もの》でしかありえない存在であることを忘れるな、と注意している。

第七章　居住地

（1）八一偈は、『ローカ・ニーティ（処世訓）』一一三偈に同じ。

（2）八二偈は、『ローカ・ニーティ（処世訓）』一一四偈に同じで、私のビルマ人の友人も実際にこの偈の内容にならって住所を決めており、ミャンマーでは、広く知られた詩偈のようである。

実は、かつて私のビルマの友人で京都大学に留学し、「日本の伝統的居住空間と景観に関する計画的研究」なる博士論文を書き上げた。また彼は日本人と結婚し帰国。しかし生まれた子供二人の軍政統治下における教育問題に遭遇、再度一家で来日し、私の居住する村のアパートで二人を小学校に通わせたのだった。その後、彼はニュージーランドのオークランド大学の教授となり、定年を迎えた。同国移住後、彼は、「ニュージーランド・ビルマ・フレンドシップ・アソシエーション（親善友好協会）」を起《た》ち上げ、自ら異国にありながら会長としてミャンマー人難民の受け入れに生涯をかけ、尽力していたのである。

私達夫婦もニュージーランドの彼の家を幾度か訪ねたことがあり、その度にミャンマーから同国への難民受け入れに彼が奔走している話を聞いた。

彼は博識で日本滞在中、私は彼から多くのことを学ばせていただいたが、まさに彼は他人のことを自分のことのように考えられる稀有の人であった。

（３）八四偈は、『ローカ・ニーティ（処世訓）』一五七偈に同じ。

（４）八六偈は、『ローカ・ニーティ（処世訓）』一五九偈に同意趣の偈が見られる。

第八章　拠りどころ

（1）八八偈は、『ローカ・ニーティ（処世訓）』一三七偈に同じ。

（2）八九偈は、『ローカ・ニーティ（処世訓）』八九偈に同じ

（3）九〇偈は、『ローカ・ニーティ（処世訓）』八〇偈に同じ。

（4）九一偈は、『ローカ・ニーティ（処世訓）』一二四偈に同じ。

（5）九四偈は、『ローカ・ニーティ（処世訓）』一三三偈に同じ。なお、この偈について、故ウー・ウェープッラ長老は、以下のように註記している。

「世の中には、「協力者を得て、ものごとをすれば成功する筈であるのに、協力者を得ても成功できないのは、前生からの悪業によるものであろう」と考えて、諦める人がいる。実は、業のみに頼らず、精進および智慧によるなら、成功するのである。この偈は、武力という協力者を得て勝てない王が、業の果報という権力で勝とうとしても、それは不可能で、灯火がひとりでに消えるように、そんな王は滅びる、という。そして、業のみに頼らず、精進および智慧をも頼りにして成功せよ、とこの処世訓で教えている」（前同世界平和パゴダ『処世訓―ローカ・ニーティ』（一二一～二頁）。

第九章　友達

（1）九八偈は、「真の友」なる表題の『ローカ・ニーティ（処世訓）』九二偈と同意趣。
（2）一〇一偈は、『ローカ・ニーティ（処世訓）』七八偈に同じ。
（3）一〇六偈は、『ローカ・ニーティ（処世訓）』一六二偈に同じ。
（4）一〇七偈における「輪廻」とは、梵語・パーリ語のサンサーラ（saṃsāra）。古代インド以来広く行なわれた思想で、生あるものは解脱しない限り、車輪がまわるごとく生死流転を繰り返して、三界・六道の中で迷いの生存を繰り返し続けることを指す。
釈尊は、「その流転の世界を超えて、「さとり即ち涅槃」の世界に到達、教化の旅を続けられた」として讃仰され礼拝されている。
（5）一一〇偈は、『ローカ・ニーティ（処世訓）』七九偈に同じ。
（6）一一一偈は、『ローカ・ニーティ（処世訓）』八八偈および『マハーラハ・ニーティ』一五九偈と三偈共通の偈文としてよく知られている。

第一〇章　悪人

（1）ヴィジャーナンダ長老は、この偈について、「無駄な時間を費やす」とは「布施や持戒をしないから功徳を積むことをせず、かえって減少させる結果を招いているとの意味である」とコメント（説明）する。

（2）一一六偈は、「下品《げひん》の相」と題された『ローカ・ニーティ（処世訓）』三一偈に同じ。

（3）一一七偈は、『ローカ・ニーティ（処世訓）』四三偈に同じ。

（4）一一八偈は、『ローカ・ニーティ（処生訓）』六八偈に同様趣旨の偈「愚者とあまり親しみすぎるな　そのような人は面倒を招く　「水がいっぱいに入っていない壺を頭上にのせて運ぶとき　うるさい音をたてるように」というのがある。

（5）一二〇偈は、『ローカ・ニーティ（処世訓）』一二七偈に同じ。

（6）一二九偈は、『ローカ・ニーティ（処世訓）』六九偈に同じ。

（7）「ニンバの樹」（任婆樹）。インドに産する喬木で、きわめて苦《にが》く薬用に使われる。小枝を楊子《ようじ》にする。和名インドセンダン（センダン科）。

この偈は『マハーラハ・ニーティ』四七偈に同じ。なお、仏教は、「単に知識を積み上げたからとて、徳ある人とはなれない」と教えている。

（8）一三五偈は、『ダンマパダ（法句経）』六四偈、および『ローカ・ニーティ（処世訓）』二五偈などに相当偈が見られる。

(9)　一三六偈中の「アッサタリー牝驢馬」は、胎内で胎児が大きくなりすぎ、出産の際に母親驢馬を殺す結末となると伝承されているという（ビルマ第六結集版相応部、一の一五六頁参照）。

(10)　一三七偈は、『ローカ・ニーティ（処世訓）』五五偈に同じ。

(11)　一三八偈は、『ローカ・ニーティ（処世訓）』三四偈に同じ。

(12)　一三九偈は、『ローカ・ニーティ（処世訓）』三三偈に同じ。

(13)　一四〇偈は、『ローカ・ニーティ（処世訓）』七三偈に同じ。なお、「婆羅門」バラモンは、インドの四姓制度の最上位の僧侶階級を指す語。彼らはインド・アーリヤ人で、紀元前一五〇〇年頃からインダス河中流域に進出、莫大なヴェーダ聖典を編纂、インドの思想や文化の中核となり、ブッダの仏教もそうした文化的土壌の中から生まれたのであった。ミャンマーには、モン族からの仏教信仰導入以前からのものを含め、バラモン教の神像や文物などが遺跡から発見されており、バラモン文化の影響は、非常に大きなものではあったが、四姓平等を信条とするミャンマーの仏教徒は、王朝時代には宮廷にインド人司祭やポンナー（ビルマ人バラモン）も存在していたとはいえ、彼らのカースト（階級）制度を全面的に認めていたのではなく、、時には彼らの乱暴な挙動に対しては、むしろ抵抗してきたのである。

第一一章　善　人

（1）一四二偈は、『ローカ・ニーティ（処世訓）』六四偈に同じ。

（2）一四六偈は、『ローカ・ニーティ（処世訓）』四四偈に同じ。なお、『ローカ・ニーティ』四三偈には表皮《かわ》は赤くても中に虫がつまっている野生無果実《いちじく》のように悪人の心も同じ」という偈がある。

（3）一四七偈は、『ローカ・ニーティ（処世訓）』四〇偈には、「徳は移る」との表題をつけて同じ偈が記されている。「タガラの花」は多伽羅樹の香木（沈香はこの樹芯より製するとのこと）。その花をパラーサ（赤花樹・波羅沙樹）の葉で包めば、香りがその葉に移るという（和久博隆編著『仏教植物辞典』国書刊行会、昭和五四年刊参照）。

（4）一五〇偈は、『ローカ・ニーティ（処世訓）』二六偈に同じ。

なお、この偈は、『ダンマパダ（法句経）』六四・六五偈に、「愚かな者は生涯賢者に仕えても、真理を知ることがない。匙が汁の味を知ることができないように」「聡明な人は瞬時のあいだ賢者に仕えても、直ちに真理を知る。舌が汁の味を直ちに知るように」との、両偈共にブッダが説いたと伝えられている（拙著『南伝仏教の処世訓「ローカ・ニーティ」講話』光華叢書④、四五～六頁参照）。

第一二章　力

(1) 一五二偈は、『ローカ・ニーティ（処世訓）』一一八偈に同じ。

(2) 一五五偈中の「阿羅漢」はサンスクリットのarhanの音写。「羅漢」とも略称され、インドの宗教一般において、最高位の聖者の悟りを得た人で、すべての煩悩を断ち切り、人々から尊敬や供養を受けるにふさわしい人として「応供者」と言われた。初期仏教では修行者の到達し得る学道の完成地位で、もはやそれ以上学ぶ必要がないため阿羅漢果を「無学位」とするに至ったという。

第一三章　女　性

(1) 一五七偈は、原文パーリ語の語彙の語尾など少しく異なる箇所もあるが、意味は、『ローカ・ニーティ（処世訓）』一〇七偈にほぼ同じ。なおそこには、「美女」という題名がある。

(2) 一五八偈は、『ローカ・ニーティ（処世訓）』一〇六偈に類似した「良妻」の題名で、次のような詩偈が載っているので、紹介しておく。

「食事や服を着るときに　母親のようによくしてくれる妻　隠すべきところに対して妹のように恥ずかしがる妻　家事や夫のそばに寄るとき　召使いのように丁寧にする妻　困って

いる夫の相談相手になる妻　一緒に寝るとき夫を楽しませる妻　身体をいつも清潔にする妻
夫が怒ったとき我慢する妻　そのような女性は　立派な妻であり　死後に天国に生まれる
と賢者はいう」（世界平和パゴダ版、七三〜四頁）。

（3）覚者としたが原書はmuni（牟尼）で、釈迦仏の言われた語と伝承されている。

（4）一六七偈は、女性と男性との食欲・智慧・努力・欲望の強さ、大きさのそれぞれを比較した偈で、『ローカ・ニーティ（処世訓）』一六一偈に同じ。

（5）一六九偈は、『ローカ・ニーティ（処世訓）』一〇五偈に類似の詩偈があり、そこには、さらに「品物をすぐ好きになる女、たくさん料理を作って大食する女、夫より先に食べる女、外出好きの女」をあげて「悪妻」とし、「たとえ百人の子を産んでも　そんな女は捨てるがよい」としている。

（6）原書→『マハーラハ・ニーティ』二〇三偈（ＰＴＳ本、一一三頁参照）にも同じ偈が見られる。

第一四章　子　息

（1）一七八偈は、「教え諭せ」と題した『ローカ・ニーティ（処世訓）』五九偈に同じ。

（2）一七九偈は、やんちゃで幼い子供の教育にとって非常に大切なことを示唆している。大人は、未成年者への愛情、寛容さを失ってはならないということを強調し教示する偈であろう。なお、ちなみに『ローカ・ニーティ（処世訓）』一二八偈には、「息子が悪事を犯したら母親がしたのと同じ　学生が悪事を犯したら　先生がしたのと同じ　国民が悪事を犯したら国王がしたのと同じ　国王が悪事を犯したら　王師がしたのと同じ」というのがある（第二〇章、註記4参照）。

第一五章　奴《ぬ》僕《ぼく》

（1）一八〇偈は、『マハーラハ・ニーティ』一〇六偈にも同意味の偈が見られる。「奴僕」とは、主人の下働きをする男性で（序章の註記（2）参照）雑用をする召使い。女性は「下女」で、この詩偈で「奴婢《ぬひ》」。彼、彼女らに四種あったという。

なお、歴史上パガン時代の碑文でも、ビルマ語の「パヤ・チュン（仏塔奴僕）」や、「ティン・チュン（戒壇を守護し雑用をする奴僕）」、その他の被差別民についての記述が見られ、その事実は中世以降も残続していた。しかし、一九四八年ビルマ独立と同時に、ミャンマーでも、「出生地、宗教、男女の別なく、すべての人民は法の下に平等である」との大統領宣言が出され、職業の自由が保障され、法制上の身分差別は消滅をみた。とはいえ、日本の被差別部落問題が社会問題として残されているように、ミャンマーにおいても、かつて抑圧されてきた人々の環境や人権保障など社会的問題を含め、いくつかの問題をかかえていることも事実のようである。

それらの問題については、日本で発行された今井書店（鳥取県米子市尾高町六八）、二〇〇二年刊、ウ・ミンジョー著、スウーザ・ミョウタン・杉本良巳共訳『夜明けの蓮』があり参考になる。また、最近の動向については、『ビルマの人権』『ビルマ仏教徒―民主化蜂起の背景と弾圧の記録』（ともに明石書店）なども出版されている。

第一六章　在家居住者

（1）一八二偈は、『ローカ・ニーティ（処世訓）』一一六偈に同様趣旨の類似した偈が見られる。

（2）一八六偈は、『ローカ・ニーティ（処世訓）』一一三偈には、「王の努《つと》め」として、「王は人民の生産や資金のことを自ら知るがよい　使用人の働きぶりを自ら知り　戒めるべきを戒め　称賛すべき者を称賛するがよい」という偈文となっている。

（3）一八七偈の睡眠時間については、『ローカ・ニーティ（処世訓）』一一一偈にもこれと同じ偈がある。

（4）一八八偈は、『ローカ・ニーティ（処世訓）』八三偈に同じ。

（5）一八九偈の「マーサカ」は、豆銭、小銭（masa そら豆）のこと。

第一七章　行　為（おこない）

（1）二〇三偈は、『ローカ・ニーティ（処世訓）』一六〇偈に同じ。

（2）二〇四偈は、『ローカ・ニーティ（処世訓）』一四五偈に同じ偈文があり、「仕事は少し残せ」との題がついているのも面白い。

（3）二〇八偈は、『ローカ・ニーティ（処世訓）』一五六偈にも同じ偈が見られる。彼らが生き残るために流した涙の結晶であるのかもしれない。母国をあえて捨て去り、異国で難民生活を送っているミャンマー出身の友人のことが、思い出されてならない。

（4）二一二偈は、『ローカ・ニーティ（処世訓）』一二五偈に同じ。この偈には、「用心すべきもの」という故ウェープッラ長老のつけた表題がある。

（5）二一五偈は、『ローカ・ニーティ（処世訓）』八六偈に同じ。

（6）二一六偈における「肘尺《ひじしゃく》」とは、長さの単位で、肘下つけね元から腕、手のひら、中指の先端まで直線で計り、〔一肘尺約四十五センチ〕とする。『パーリ語仏教辞典』（春秋社）など参照。なお、この偈の原文は『ローカ・ニーティ（処世訓）』九〇偈に同じ。
（7）二一八偈は、『ローカ・ニーティ（処世訓）』九偈に同じ。
（8）二二〇偈は、「力を合わせよ」との表題がつけられた『ローカ・ニーティ（処世訓）』一三二偈に同じ。
（9）二二二偈は、「施しの効果」と題された『ローカ・ニーティ（処世訓）』一三一偈に同じ。
（10）二二三偈は、『ローカ・ニーティ（処世訓）』一一六偈に同じ。
（11）二二六偈は、『ローカ・ニーティ（処世訓）』一三二偈に同じ。
（12）二二七偈は、『ローカ・ニーティ（処世訓）』七六偈に同じ。

第一八章　してはいけない行為

（1）二二九偈は、『ローカ・ニーティ（処世訓）』一三九偈にも「財産を失う六つの原因」とされている。
（2）二三二偈は、『ローカ・ニーティ（処世訓）』八四偈に同じだが、そこには「親しみすぎるな」との表題がつけられている。

（3）二三三偈は、「離れるべきもの」との表題の『ローカ・ニーティ（処世訓）』九一偈にほぼ同じ。
（4）二三五偈は、「他人を軽んずるな」との表題の『ローカ・ニーティ（処世訓）』三七偈にほぼ同じ。
（5）二三七偈は、「残してはならないもの」とした『ローカ・ニーティ（処世訓）』八七偈に同じ。
（6）二三八偈は、「名家の人」と表題された『ローカ・ニーティ（処世訓）』四七偈に同じ。
（7）二四一偈における「酪」とは、羊・牛等の乳を加工した凝乳食品。
（8）二四五偈は、『ローカ・ニーティ（処世訓）』二七偈に同じで、そこには「学者も手本が要る」との表題がある。
（9）近代日本仏教の偉大な思想家・哲学者で真宗大谷派学僧清沢満之《きよざわまんし》（一八六三〜一九〇三年）の有名な言葉に「依頼は苦痛の源なり」（大河内了悟・佐々木蓮麿共編『清沢満之先生のことば』永田文昌堂、一九六七年刊、五四頁）というのがあるが、あらためて銘記しておきたいものである。

第一九章　知るべきこと

(1) 二四九偈は、『ローカ・ニーティ（処世訓）』五二偈に同じで、そこには、「子は親の鏡」という表題1がついており、次の五三偈が同じ表題、その2となっている。

(2) 二五〇偈は、『ローカ・ニーティ（処世訓）』五三偈に同じである。

(3) 「ヴァースデーヴァ（Vāsudeva）」はインド人の神話によるもので、「ヘラクレスのような大力無双の人、あるいは、クリシュナ神の別名とまでみなされる英雄」とされ、彼を前にして「あらゆる矮小のこびとは、狡猾な詐欺師とされる」との伝承によるという（James Gray著『Lokaniti』一八八六年版、八八頁参照）。

(4) 二五三偈は、『ローカ・ニーティ（処世訓）』一四偈に同じ。

(5) 二五四偈は、原詩の語句は一部異なるが、『ローカ・ニーティ（処世訓）』六二偈に意味するところは同じ。

(6) 二五五偈は、『ローカ・ニーティ（処世訓）』八二偈に同じ。

第二〇章　荘　厳

(1) 「須弥山」はサンスクリット sumeru スメールの音写。古代インドの世界観（天文学、地理学）で、その世界である金輪の中心部に十六万由旬の高さで巨大な須《しゅ》弥《み》山《せん》がそびえていると考えられていた。これが仏教宇宙観にも大きな影響を与え、須弥山説や絵図も描かれ、頂上に帝釈天宮、中腹四方には四天王宮、山上より上は諸天界につらなり、他方の下方には、七金山と八大海がめぐり、その外側四方に、三角・四角・半円・円形よりなる四大洲を支配するという世界観を描いていた。日本では、東大寺大仏蓮弁や二月堂本尊光背の線刻画に描かれているが、それ以後の美術作例はないようである（『岩波仏教辞典』一九八九年刊、参照）。

（2）二五九偈は、『ローカ・ニーティ（処世訓）』九四偈に同じ。

（3）二六〇偈は、『ローカ・ニーティ（処世訓）』九六偈にほぼ同様の偈がある。

（4）二六一偈は、原詩偈の語句はそれぞれ異なるが、意趣は『ローカ・ニーティ（処世訓）』一〇二偈に同じ。

（5）二六四偈は、『ローカ・ニーティ（処世訓）』一一五偈に、原詩の語句も意味もほぼ同じ。

第二一章　王　法

（1）二六六偈は、以下のような歴史的経緯の下で説かれた詩偈であった。

十一世紀初め頃からスリランカから下ビルマのタトンなどモン族国家群により導入された

上座（テーラヴァーダ）仏教がしだいに伝播、ビルマ、タイ、ラオスなどにそれまでのサンスクリット文化にかわって、パーリ語文化が興隆、上座仏教を基軸とする王国が成立していたのであった。そのような状況の中で国家として統合を果たしたパガン王朝歴代の王は、「ミンタヤー（ビ）・ダンマヤーザ（パ）正法王」と呼ばれ、南伝上座仏教のパーリ語経典に由来する王権神話に描かれた人類最初の王「マハータマダ（Mahāsammata）」の資質を受け継ぎ、その教えを統治に具現する理想の王（人々の総意によって選ばれた偉大なる人物）とされ、王と臣民との間に社会的契約が成立したことを意味した。したがって王は、法に則り人々を裁き諭す能力を与えられた者であり、「ダマタッ（法典）」に説かれた王者の履行しなければならない「十種の王法」を統治に具現化することを、人々に約束し期待された王であった（詳細は奥平龍二「上座仏教国家」、池端雪浦編『変わる東南アジア史像』山川出版社、一九九四年刊所収、など参照）。

なお、この偈「十王法」に出ている仏教用語について簡潔に解説しておくことにする。

①布施　他の人に施すこと。法施、財施、無畏施の三種がある。

②戒　身・口・意が作る非を防ぎ悪を止めようとする力。在家者の五戒、沙弥（少年、見習い僧）が守る十戒、成人比丘僧の守る二二七戒など。

③遍捨　捨てること、施捨、永捨。
④実直　正直なこと。
⑤柔和　柔軟、温和なこと。
⑥鍛練　苦行、修行。
⑦無忿　怒らない、つまり立腹しないこと。
⑧不殺生　あらゆる生物を傷つけたり、殺したりしない。
⑨忍耐　忍、耐え忍ぶ行を実践し、彼岸に至ること。
⑩無違反　不相違、不違背、矛盾のないこと。

（2）二六七偈の「四摂事《しょうじ》」とは、「四摂法」とも言い、初期仏教以来説かれてきた（『南伝大蔵経』八巻、一九九頁参照）もので、人々をひきつけ救うための四つの徳、①布施（他の人に施すこと）、②愛語（慈愛の言葉をかけること）、③利行（他人のためになる行為をすること）、④同事（他人と同じことをするなど協力すること）をいう。つまり、それらは、菩薩の布施を中心とした慈悲行をまとめたものであった。

（3）二六九偈は、『ローカ・ニーティ（処世訓）』一一九偈に、「忍耐・自覚・努力・物を皆に分配すること・慈悲心・先見の明・それらは指導者の徳であり、善き人々の望む徳でもある」という偈があり、ほぼ同内容となっている。また、『ローカ・ニーティ（処世訓）』一三四偈には、「王に敬意を」と呼びかけ、「人民は国王と同じ生活を望んではならない。国王は私たちの友人ではない。国王は私たちと身分が違う。国王は私たちの主人である。これらをしっかり心に留めるがよい」と教示している。

（4）二八三偈は、『ローカ・ニーティ（処世訓）』一二八偈に同じ。そこには、「責任」なる表題がある。悪事を犯した責任は、それぞれ当人の所属するところの監督責任者に課せられる、ということは、きわめて当然の倫理であろう。したがって、古来仏教国のミャンマーでは、家庭においては、母ないしは父親、学校・大学では先生、上座部仏教国においては、国王が悪事を犯したなら、助言者である王師が、その責任を負わねばならないことになる、というのである。

たとえば、ビルマ・パガン王朝史中の痛恨事としてよく知られている事件だが、王国五代目のナラトゥー王（十二世紀）が、「王位を兄ミンシンゾーに譲る」からとの誓詞を王師に約束し、兄を信用させて呼び寄せておきながら、不実をなし、毒を盛り殺害するという始末に、王師パンタグー大僧正は激怒、父王を圧死させた前科で注意したにもかかわらず無視されたので、「このような血生臭い土地にはいられない」と即刻、宮廷を後にしてスリランカへ向かって立ち去った、という歴史上の有名な実話が、王統史上にも記されている。

第二二章　侍　従

（1）序章の註記（3）参照。

（2）二九一偈は、『ローカ・ニーティ（処世訓）』（北九州市世界平和パゴダ版、邦訳一三四偈）では、「王に敬意を（1）」との表題をつけ同じ偈をあげている。その次の一三五偈が、同表題（2）で、「国王は私たちの友人ではない　国王は私たちと身分が違う　国王は私たちの主人である　これらをしっかり心に留めるがよい」という偈で、これら二偈は、『ジャータカ（本生経）』に説かれたものとの註記も付加されている（同版、一二二頁参照）。ただし、これらの偈文が旧王政時代、ないしは、英国植民地時代の状況下での著述であることを考慮せねばならない。

（3）二九七偈は、『ローカ・ニーティ（処世訓）』一三六偈に、「侍従の心得」として、「侍従は国王に対して　離れ過ぎるところで　近過ぎるところで　風上で　真正面で　低過ぎるところで　高過ぎるところで　仕えてはならない　これら六つの失礼を避けよ」と述べ、さらに「火に対するときのように、注意するがよい」と記す。この偈と同じような内容の詩偈が見られる。

(4) 二九八偈は、『ローカ・ニーティ(処世訓)』一三五偈と同じ意趣の内容であるが、そこには、明確に「国王は私たちの主人である」と記している。

(5) 三〇六偈は、『ダンマ・ニーティ』七二偈と語彙は異なるが、同様趣旨で常に冷静にして正しい言葉遣い、時宜にかなった話をするように推奨している。

(6) 三一二偈および三一三偈における「沙門やバラモン」とは、ジャイナ教や仏教の男性修行者のこと。さらに一般在家者であっても、教えをよく聞き、善行に励み、積徳を目指す人々を褒め称え、その支援が仏教王国の基盤であることを忘れぬように、と注意し、宣揚している。

(7) 三一七偈における「餓鬼」〈peta(パ)〉は「亡者、死霊」「鬼」などとも訳されるが、衆生が輪廻する三界六道中の一つで、前世で悪業をなし福徳のない者が行く世界。そこでは飢えと渇きの苦しみを常に受けると説く。

(8) 三二二偈における「バルナ神」とはVaruna(パ)婆留那神、水天、あるいは水神と訳される命の源としての水そのものなのであろうが、その讃えられるべき、誰がその施者であり、賢者なのであろうか。それは王なのであると、暗示しているのであろう。

（9）　三二三偈における「パジュンナ（雨雲神）」とはPajunna（パ）波純醍、雲天、雨神のことだという。その雨雲神箱の世界の生き物すべてに、富を降り注いでいるのだという。

第二三章　二法偈など混合法品[1]

（1）　パーリ語原書の章名Dukamissakaの訳である。二法偈としたのは二対《つい》となる詩句の法語（教え）を示した詩偈。および、それに類した三、四、五、六、八、九、十種類の法語による詩偈を集成したことをも示している。

（2）　三二五偈は、『ローカ・ニーティ（処世訓）』三〇偈に、「貧乏していながら　美食を好む人　弱いのに　喧嘩を好む人　無学でありながら　論争を好む人　これら三者は気狂いの仲間」という同様な詩偈がある。

（3）　三二八偈は、『ローカ・ニーティ（処世訓）』二七偈にも同じ意趣の内容で、以下のような詩偈があるので、紹介しておきたい。

「勇士は　武器を持たず戦場に行ってはならない　学者は模範書を持たず語ってはならない　商人は仲間を離れ独りで出かけてはならない　旅人は友達を離れ独りで行ってはならない」（北九州市世界平和パゴダ版一八頁。

（4）三二九偈は、『ローカ・ニーティ（処世訓）』一四一偈に同様な偈がある。なおビャーサ先生については、その書『ローカ・ニーティ』一四一偈の註記一二三頁参照。

（5）三三一偈は、『ローカ・ニーティ（処世訓）』一四三偈に類似の偈があり、そこには「指導してもらえない者」として、「寝坊する人　我が儘な人　贅沢《ぜいたく》好きの人　病人　怠け者　欲張り　新しいことを追いかけて雑用にふける者　これら七種の人々は指導書の内容から外《はず》されている」とある。

（6）三三四偈における「辟支仏《びゃくしぶつ》」〈パチェーカブッダ pcceka-Buddha〉の音写で、「独覚、あるいは縁覚」とも呼ばれ、主として王侯や長者が出家し、森、山などにて辟支仏の覚りを体得したとされる。仏教のみならずジャイナ教でもこの名称を用いる。

（7）同三三四偈の「阿羅漢」については、本書『ダンマ・ニーティ』第一二章註記（2）参照。

第二四章　雑　品

（1）三三七偈は、『ローカ・ニーティ（処世訓）』四五偈にも同意趣の類似偈が見られ、最後に、「聖者は苦難に出会っても正法を捨てない」の語句が加えられている。なお、それは、「四念処」（身は不浄・受は苦・心は非常・法は無我）と観察し、常に、「無常・苦・無我」を忘れずに修行実践を継続してゆく決意の表明ともみられる。

（2）三四二偈は、『ローカ・ニーティ（処世訓）』五一偈に同じ。

（3）三四五偈は、『ローカ・ニーティ（処世訓）』六三偈に原詩の語順が一部異なるも、意味はほぼ同じ。

（4）三五一偈は、『ローカ・ニーティ（処世訓）』七五偈では、「悪い奴は他人のことならゴマ粒ほどの大きさでも見つけるが……」となっているが、その後の部分は同じである。

（5）三五五偈は、『ローカ・ニーティ（処世訓）』三五偈に同じ。

（6）三五六偈は、『ローカ・ニーティ（処世訓）』一一七偈に同じ。

（7）三五八偈は、『ダンマパダ（法句経）』二〇四偈に同じで、その詩偈は広く知られており、ここでも採用されている。

（8）三五九偈は、『ローカ・ニーティ（処世訓）』一四四偈参照。

（9）三六一偈は、『ローカ・ニーティ（処世訓）』七偈に「稀なもの」と題されて、これと同様の詩偈が見られ、「真珠（muttā）（パ）」に、「真珠は真珠貝から採れるだけでなく、象の頭からも採れるといわれる。しかしそれは非常に得がたく、たとえば、千頭の象からでも一個の真珠を得られるかどうかわからないとされている」との註記がされている。

(10) 三六三偈は、『ローカ・ニーティ（処世訓）』九九偈参照。
(11) 三六四偈は、『ローカ・ニーティ（処世訓）』一三偈に同じ。
(12) インドの貧民には乳牛の牝を購入できず、さまよえる牡牛を手許において頼りにするため、このように言われることもある。
(13) 三六六偈には、同様形式で『ローカ・ニーティ（処世訓）』五四偈に、「望まれる人」と題して、「相談に際しての秘密を守る人」「困難のときの賢者」などがあげられている。
(14) 三六九偈は、『ローカ・ニーティ（処世訓）』二四偈に、「ふさわしい仲間」として同じ詩偈が見られる。
(15) 三七一偈は、『ローカ・ニーティ（処世訓）』一二三偈に同じ。
(16) 三七二偈は、『ローカ・ニーティ（処世訓）』一三八偈に類似した詩偈が見られ、最初の行から三行目までは同じであるが、その後は「強欲な者に　どうして羞恥心があろう　怠け者に　どうして技術が覚えられよう　怒りっぽい人に　どうして財産が作れよう」となっているのみで、「怒りっぽい人に　どうして苦行ができよう」がなく、そこが異なっているのが注意される。
(17) 三七六偈は、『ローカ・ニーティ（処世訓）』九七偈に同じ。

(18) 三八二偈は、『ダンマ・ニーティ』六九偈に、「言葉の優しい人と荒々しい人」とを、月と太陽とに対照させ友達の多少に言及しており、それは『ローカ・ニーティ（処世訓）』九三偈と同じ（本書『ダンマ・ニーティ』第六章の註記（4）参照）で、ここでは友達が「取り巻きの仲間」とされている。

(19) 三八八偈「七清浄の法」とは、『ダンマ・ニーティ』三一偈における、七法に同じ。

(20) 三八九偈はインド、バラモン教徒の医薬治療法からビルマ人が学んで作詩したものという（James Gray『Lokaniti』p.113参照）。したがって、その当時にあっては、曜日により各植物の有益な部分をえらび、応急処置をしたのであろうか。

(21) 三九一偈における「三蔵《さんぞう》」とは、すべての仏教典籍を総称した語で、蔵の原語は「かご」の意味であるが、ここでは単に容器《いれもの》というだけではなく、そこに収められた内容を含め、経という範疇に分類された典籍が経蔵で、それは、律蔵、論蔵についても同様である。

(22) 三九二偈における「転輪聖王《てんりんじょうおう》」とは、ブッダと同じ三十二の瑞相《ずいそう》（めでたい兆《きざ》しの人相）をそなえ、七宝（輪宝、象宝、馬宝、珠宝、女宝、居士宝、将軍宝）を持ち、ダルマにより四大洲のすべてを治める理想の帝王である。なお、弥勒菩薩《みろくぼさつ》と転輪聖王との関係を語る弥勒下生経典も存在する。

（23）三九三偈における「六欲天」の天（deva）は「神」を意味し、神の概念は仏教の救済論には不必要とされるが、バラモン文化の影響下で仏教に採り入れられた。仏教では、天神のうち、依然として欲望に束縛されている欲界に六種の天、（1）四大王衆天、（2）三十三天（忉利天《とうりてん》）、（3）焔摩天《えんまてん》、（4）覩史多天《としたてん》＝兜卒天《とそつてん》、（5）楽変化天《らくへんげてん》、（6）他化自在天《たけじざいてん》、があると説く。また、欲望のとらわれから脱したが、物質的条件のみが残存している生物が住む境域を色界といい、四禅定《ぜんじょう》による禅定の状態を指す。さらに欲望も物質的条件も超越し、純粋精神で心がきわめて静まった状態が無色界定《むしきかいじょう》の世界である、と説明される。したがって、欲、色、無色の「三界」の本来の意味は、空間的な世界を意味するのではなく、人間の心の状態を指したものである。

（24）三九九偈における「勧告者」とは、その仕事が成就した成果に対しての利益配分の目安《めやす》がその程度とされていた、という。その他の「作業者」「主人（所有者）」「賛同者」に関しても、それが一つの目安とされていたというのである。なお、この項については英訳 James Gray の『niti』（一八八六年版、一一四～五頁註記）などを参照したことも付記しておきたい。

（25）四〇三偈における「鉄囲山《てっちせん》」とは、仏教宇宙観で、金輪《こんりん》（世界の基礎となり支えている三つの輪の最上層の輪）の外辺を縁どる山脈。鉄でできていて、水面上の高さは三一二・五由旬《ゆじゅん》

（由旬はサンスクリットで、yojana の音写。距離の単位で、一由旬は約七メートル）、円周は三六一万三三五〇由旬あるという。

(26) 同じ偈中の「須弥山」は、サンスクリットで、Sumeru または Meru の音写須弥山。宇宙の中心をなす巨大な山。金輪の上の中心部に十六万由旬の高さでそびえるとされる。なお、本書『ダンマ・ニーティ』第二〇章、二五七偈の註記（1）参照。

(27) 四〇四偈における「一劫」の「劫」とは、サンスクリットの kalpa に相当する音写で、古代インドにおける最長の時間の単位であり、「長時」とも訳される。なお、本書註記第三章、三七偈の（10）参照。

(28) 四〇五偈については、「両親は最初の先生であり梵天である」とは、経典（『南伝大蔵経』の増支部、一七巻、二二四頁）にも明言されており、「父母に帰命し恭敬（心から敬うこと）せよ、食べ物または飲み物と衣服、臥具等をもって給仕するように」とのブッダの言葉を伝えている。

(29) 四〇八偈における「一劫」の「劫」は、既述で、本書前掲註（27）参照。

(30) 四〇九偈は、同様の詩偈が『ダンマパダ（法句経）』三五四偈にも見られる（中村元訳『ブッダの真理の言葉・感興のことば』岩波文庫、六三頁など参照）。

（31）四一一偈は、『ローカ・ニーティ（処世訓）』四二偈にあるパーリ語原詩も全く同じで、仏教の旗標《はたじるし》、三法印の第一である「諸行無常」であることを常に忘れてはならないと注意している。

なお、句仏《くぶつ》上人（真宗大谷派本願寺二十三世。句仏は俳号）の詠まれた一句に、「八重一重無常は同じ　花吹雪」という句があり、美人もそうでない人も、幸運に恵まれた、あるいは悲運の人も、現象世界にあるこの世界の物事すべては、無常という厳然たる事実の前に跪《ひざまず》かざるを得ないことを詠みきっておられる。

おわりに

昨年晩秋に、私のかつて親しくさせていただいた友人から、『風箏（ふうそう）』（軒先にかける風鈴）という名の書物が送られてきた。彼は京都と地元の大学で教職に携わり、故郷の自坊で住職をしており、地方新聞（四国新聞社）の企画で、毎月一回、四人の僧侶が交互に連載した「紙説法―ビヨン・ザ・リバー」の執筆メンバーのひとり（平成十八年四月～二十四年九月）に推され、そのさいに自身の担当した執筆記事を一冊にまとめたものだった。その中で特に私の注意をひいたものに、「戒を持《たも》たざれば」と題した一節があった。

「水は暮らしの基本。それだけに昔から人々は治水に苦心してきた。今日のような殺傷沙汰の頻発する異常風潮では天候具合いひとつにでも恐懼《きょうく》を覚える。異常気象は、人為による環境汚染・地球温暖化などの負の要素があまりに禍した地球のアンバランス状態といえよう。地球という小惑星は、人知を越えた宇宙の一定の秩序のもとに運行されている。この秩序が破綻した時、どんな悲劇が待っているか私たちは知らない。私たちは明晰な眼を持った先哲のことばに耳を傾けるべきであろう」と述べてから、彼は次のように続ける。

「やはり人は守るべき道を忘れてはいけない。儒教で人倫、仏教では戒というものである。戒とは仏道に帰依する者の規則であり、基本的倫理である。十善戒がそれで、殺さない・盗まない・邪淫をしない・嘘を言わない・言葉を飾らない・悪口を言わない・二枚舌を使わない・物惜しみ貪りの心を起こさない・瞋《いか》らない・誤った考えを持たない、の十カ条を挙げ」次のように結んでいた。

「『正法念経《しょうぼうねんきょう》』には、「人、戒を持たざれば、諸天減少し……非時の暴風疾雨ありて、五穀登《みの》らず疾疫競い起こり、人民飢饉す。互いにあい残害す」とあり、反対に人が戒を持てば「風雨時に順じ、四気和暢《わちょう》なり、甘雨降りて稔穀《ねんこく》豊かなり、人民安楽にして、兵戈《へいか》終息し疾疫行ぜず」とある。以て銘ずべし。と」

この最後の『正法念経』の引用箇所を尋ねると、親鸞聖人の『教行信証《きょうぎょうしんしょう》』「化身土」の巻からだと言う。『真宗聖典』を開いてみると、確かに出ている（法藏館、昭和三十九年刊、五〇三頁)。浅学の私には眼の開かれる思いであった。

浄土真宗では、「正定衆《しょうじょうじゅ》」(仏になれることに定まる)ということが説かれている。修行をしない人間でも仏になることが真実可能であるというのである。

では「さとりを得る」とか「凡夫が救われる」とかとは、どのようなことをいうのであろうか。

それは、人間の抱《いだ》く全《あら》ゆる迷いを離れ、われ・わがものという「我執《がしゅう》から脱却《だっきゃく》して悟りに至る」ことで、浄土真宗にあっては、「ただ如来の本願の働きがあって、私たちがそれに気づかせて頂いた時、おのずから脱却することに定まるので—生きている限り欲は起こるし、定まっても、生きている限り、やはり欲は起こるし人を恨む心は起こるし迷いから離れられないけれども—、「気づかせていただくことによって心に喜びがある。そのときわれらには、他によってはけっして得られないし、心の安らぎを得る」、そして「やがて人間の生を終わってお浄土に参るということによって、人間を脱却するという事実が成就する」(櫻部建先生講述『真宗としての仏教』平楽寺書店、二〇〇二年刊、七五頁)。

親鸞聖人の『正信偈《しょうしんげ》』の中に、「凡聖逆謗斉廻入《ぼんしょうぎゃくほうさいえにゅう》」という言葉(経文)が出てくる。凡は凡夫《ぼんぶ》であり、聖《しょう》は聖者《しょうじゃ》、逆は、父・母・阿羅漢《あらかん》を殺す・仏身を損害し出血させる・教団の和合を分裂させる者を指し、それに「謗法」で仏法を謗《そし》る者を加え、そういう無間地獄に落ちる者でも等しく本願に廻入して救われる可能性があるというのである。

親鸞聖人の『教行信証』「信」巻中には、『涅槃経』（南本）梵行品に、釈尊在世中、父王、頻婆娑羅（ビンビサーラ）を殺害して王位についた阿闍世《あじゃせ》（アジャータシャトル）の話を長く引用している。『涅槃経《ねはんぎょう》』は抽象的な仏性を説くのではなく、具体的な悪人の救済を説いている経典であり、それは釈迦信仰の流れを汲むと同時に、他方で、浄土信仰とも結びつく。日本の仏教を宗派の枠を払って見直していく上で、大きなヒントを与えてくれるという。

なお、末木文美士先生は「救済されるべき悪人がいる限り、仏が入滅して働きをやめてしまうことはありえない。今でも入滅せずに待っていてくれるはずである。それが、法身の永遠性につながる。親鸞はその箇所を引用することで、仏の限りなき慈悲の救済を証明しようとしている」と指摘されている（末木文美士著『日本仏教入門』角川選書、二〇一六年刊、一七四頁）。

さらに櫻部先生は、「法が機に向かって働く、その働きというものが、即ち「方便《ほうべん》」と呼ばれ「慈悲」「光明遍照《こうみょうへんじょう》（仏・菩薩の発する光と明）」と呼ばれるものであり、「方便」には、大きく言って二つの意味、一つは「手立て・手段」というほどの意味、それはまた「仮の手段」という意味で使われる。

また、その他にもう一つ、「近づくこと」という意味で使われることがあるとして、何が何に近づくかというと、法が、機（聞法の人）に近づくのである。「法が具体化して仏となり、その慈悲の活動が「凡夫への近づき」となるので、それが方便（インドの言葉で「ウパーヤ」）という。つまり、我らが生きている限り仏の法の道理に背かざるを得ないが、そういう私に向かって法のほうから法の自ずからのはたらきとして、具体化し仏となり、呼びかけてくださっているというのである。法は無限定で、言葉で伝える以外に仕方がないので、法が教えとなっているから、よくよく法を聞け（間違わないように）と言われているわけである。

最後になり恐縮至極でございますが、小生の恩師舟橋一哉先生よりご染筆下され頂戴した講話集の一冊『生きている仏教』の中に「南無阿弥陀仏の宗教」という一節があり、「南無」は「帰命」という意味で身命をささげることであって、それは人間の行（業）ではなく、仏の世界（無漏《むろ》）の業《ごう》であると言う。そしてこれだけが、わたくしにおいて「無漏の業」といわれるものである、と教えて下さっている。

その仏の業である「無漏の業」がはたらく世界は仏智不思議の世界であって、人間の理屈をこえた世界で、人間の道理をこえた世界です。だからそれは「自業自得の道理があてはまる世界ではないというのです。しかもそこには仏さまのいのち（仏体）とは離れていない（不二）、「阿弥陀仏」というのもこの仏さまのお名前ではありますが、「阿弥陀仏」という名前だけでは、そういうことにはなりません（以上、『現代真宗名講話全集』教育新潮社、昭和四十四年刊、親鸞聖人生誕八〇〇年記念出版、二五九頁参照）。「念仏は招喚の勅命に対する復唱です」という師のお言葉をすなおにお聞かせいただき、その実践に励みたく存じます。

あとがき

大学で原始仏教を学び、友人の勧誘もあり、ビルマ（現ミャンマー）で黄衣をまとわせていただくなどという滅多にない機縁に恵まれたのが小生の人生のスタートでありましたが、この生を無駄にしては申し訳ないと思いながら、広小路亨大谷中高等学校長を初め多くの方々に支えられながら、今日まで生かされてまいりました。

ビルマより帰国して、高校教員となり、高校三年のクラス担任をしていたある日の午後、職員室の小生のところにきた一人の生徒が「僧侶になりたい」と言う。彼の家庭は商家で、寺院出身者でもなかったので、驚いて重ねて尋ねてみたのだが、彼のその将来への決心は変わらなかった。

彼は大学で真宗学を学んで卒業し、本願寺に就職、ほどなくして、北海道の別院へ職員として京都を去って行った。

それから幾年か、いつしか四半世紀以上が過ぎたある日のこと、突然帰郷していたその彼から電話があり、「小生に会いたいという方がいると言うので、紹介していただき、歓談させていただいたのが畠中光享画伯先生でした。先生は、本書でも参照させていただいたように世界の仏像に関する専門家でもあり、ミャンマーの仏像調査の際に、拙著『ビルマ仏教』も参照して下さったとのことで、ご縁をいただいたのでした。

小生は、北国の浄土真宗大谷派末寺の長男として、この世に生を受けました。

たまたま、会い難くして、仏法を身近に聞かせていただける機会に恵まれて育てられたのでした。また大学卒業直後には、仏教国のビルマ政府仏教会招請留学僧となる機会を与えられ、ヤンゴン（旧ラングーン）市、ガバエイ（「世界平和」の意）丘の僧院宿舎にて出家得度して沙弥となり、さらに具足戒を授与されて比丘僧として学習研修させていただき、ビルマ人仏教信者の方々による多大なお布施やご寄進、仏飯に支えられて満三ヵ年、南伝上座仏教僧としての生活をさせていただいたのでした。

故郷の寺院は、今は亡き父（昭和四七年逝去）が開基（東照寺）して、二代目は小生が父病気療養中の要請でいっとき不在住職の役も務めたことがありましたが、現在では末弟が、実際の第二代目住職として御堂や庫裏も再建し、二〇一五年五月には、ご門徒衆および町民の方々によるご協力ご寄進も受けて、鐘楼堂が完成し「落成慶讃法要」が無事終了したとの報告も受けたのでした。

小生自身は、長男で本来は帰寺すべき身ではありましたが、親不幸を重ね、両親はじめ檀信徒の方々にまで大変なご心配をおかけし、まことに申し訳なくお詫びの気持ちは尽きない次第ですが、生きている限り念仏を唱えることのできる幸せをかみしめながら、かつて自分が軽薄さと傲慢さのために犯した数々の罪を忘れず、懺悔の生活に甘んじつつ、余命を全うしたいと念じております。

大谷大学時代の恩師舟橋一哉先生、佐々木教悟先生、雲井昭善先生、大阪外国大学でご教示いただいた大野徹先生、その他諸先生、ミャンマー国の人々も含め有縁の皆様、両親はじめ妻のり子や親族一同にも、世話や心配をかけっぱなしで申し訳ない思いも尽きませんが、誠に有難い生涯を過ごさせていただき深謝している次第でもございます。

本書『ダンマ・ニーティ（さとりへの導き）』出版に際しましては、監修の労をお執りいただいたウー・ヴィジャーナンダ僧正、畠中光享画伯のすべてに及ぶご助言とご配慮をいただいたこと、また、方丈堂出版社社長の光本　稔氏のご厚意、同編集長の上別府茂氏の細部に及ぶ編集と校正作業など、大層お世話になり、誠に有難く心より篤くお礼を申し上げます。

京都府大山崎町円明寺字脇山一の二〇四の拙宅にて　二〇一七年一月　正隆記

ウ・ウィジャーナンダ僧正
1945年ミャンマー国ミエンギャン県生まれ。67年ダンマーチャリヤ学位取得。79年来日、福岡県北九州市門司区めかり公園内宗教法人世界平和パゴダ在住、上座仏教布教・パーリ語教授活動に専念。2012年初頭にミャンマーへ帰国。

池田正隆（いけだ　まさたか）
1934（昭和9）年北海道久遠郡セタナ町北檜山区北檜山に生まれる。57年大谷大学文学部（仏教学）を卒業。同年ビルマ政府佛教会招請留学生として渡緬。60年3年間の僧院（比丘）生活を終えて帰国。61年～95年大谷中・高等学校教諭。83年～98年大阪外国語大学非常勤講師。95～2002年京都光華女子短期大学、天理大学、大谷大学各非常勤講師。現在、社団法人日本ミャンマー友好協会相談役、パーリ学仏教文科学会会員。
主要な著書は、『ビルマ仏教―その歴史と儀礼・信仰―』（法藏館）、『南伝仏教の処世訓「ローカニーティ」講話』（光華叢書4）、『ミャンマー上座仏教史伝―『タータナー・リンガーヤ・サーダン』を読む』（法藏館）など。
主要な訳稿は、「縁りておこること（縁起）」（『原始仏典六　ブッダのことばⅣ』講談社、所収）、「イワン時代」（ウー・ベーマウンティン著『ビルマ文学史』勁草書房、所収）など。

テーラヴァーダ（南伝上座）仏教
パーリ語教訓詩（ミャンマー伝承）
「ダンマ・ニーティ（さとりへの導き）」

二〇一七年三月二一日　初版第一刷発行

訳註　池田正隆
発行者　光本　稔
発行　株式会社　方丈堂出版
京都市伏見区日野不動講町三八－一五
郵便番号　六〇一－一四二二
電話　〇七五－五七二－七五〇八
発売　株式会社　オクターブ
京都市左京区一乗寺松原町三一－二
郵便番号　六〇六－八一五六
電話　〇七五－七〇八－七一六八
印刷・製本　亜細亜印刷株式会社

ISBN978-4-89231-159-8